河北省人文社科重点研究基地——河北大学大学文化传承创新研究中心
河北省社会科学基金项目《河北省乡村振兴人才选用机制研究》（课题

高校德育
与乡村振兴人才选用
协同机制研究

李宏亮 ◎ 著

中国财经出版传媒集团

经济科学出版社
Economic Science Press

·北 京·

图书在版编目（CIP）数据

高校德育与乡村振兴人才选用协同机制研究／李宏亮著．－－北京：经济科学出版社，2024.6．－－ISBN 978－7－5218－6060－3

Ⅰ．G641；F323.6

中国国家版本馆 CIP 数据核字第 20243Q6D45 号

责任编辑：纪小小
责任校对：孙　晨
责任印制：范　艳

高校德育与乡村振兴人才选用协同机制研究

李宏亮　著

经济科学出版社出版、发行　新华书店经销
社址：北京市海淀区阜成路甲 28 号　邮编：100142
总编部电话：010－88191217　发行部电话：010－88191522
网址：www. esp. com. cn
电子邮箱：esp@ esp. com. cn
天猫网店：经济科学出版社旗舰店
网址：http：//jjkxcbs. tmall. com
北京季蜂印刷有限公司印装
710×1000　16 开　13.75 印张　210000 字
2024 年 6 月第 1 版　2024 年 6 月第 1 次印刷
ISBN 978－7－5218－6060－3　定价：55.00 元

前　　言

习近平总书记在庆祝中国共产主义青年团成立 100 周年大会上的讲话中指出，"实现中国梦是一场历史接力赛，当代青年要在实现民族复兴的赛道上奋勇争先"①。青年是时代发展的动力。"在新的征程上，如何更好把广大青年学生团结起来、组织起来、动员起来，为实现第二个百年奋斗目标、实现中华民族伟大复兴的中国梦而奋斗，是新时代中国青年运动和青年工作必须回答的重大课题。"②

乡村振兴是实现中华民族伟大复兴的必由之路。乡村振兴战略是党的十九大提出的一项重大战略，是包括产业振兴、人才振兴、文化振兴、生态振兴、组织振兴的全面振兴，关系全面建设社会主义现代化国家的全局性、历史性任务。乡村振兴要求我们要统筹推进农村经济建设、政治建设、文化建设、社会建设、生态文明建设，促进农业全面升级、农村全面进步、农民全面发展。这需要我们培养和凝聚一批有理想、有能力、能吃苦、留得住的青年人才，为乡村振兴战略目标的实现添砖加瓦。

高校担负着培养人才并使之服务社会的功能，高校德育是实现这一功能的教育手段之一。在当前乡村振兴的总体战略布局之下，发挥高校德育的育人功能，使人才能够主动下沉到乡村一线，破解农村现代化治理能力落后的难题，是一项重要任务。长期以来，高校服务社会的途径存在一定

---

①② 在庆祝中国共产主义青年团成立 100 周年大会上的讲话［EB/OL］. 中国政府网，2022 - 05 - 10，https：//www.gov.cn/gongbao/content/2022/content_5692851.htm.

程度的梗阻，既有思想观念的问题，也有体制机制的问题。加强高校德育与乡村振兴人才选用机制协同的研究，可以打通人才下沉的痛点和堵点，使农村的"呆资产"变成发展的"活资本"，是我们进行这个命题研究的初衷所在。

本书分为引论、内容、结语三个部分。引论部分就当前时代背景下服务乡村青年典型的事迹和特征进行了提炼和分析。内容部分分为七章，第一章主要介绍本书的研究背景和意义、研究内容和目标、研究思路和方法，以及研究现状；第二章就本书所涉及的概念进行了内涵与外延的界定，并就高校德育与乡村振兴人才选用机制的建设理念和理论基础进行了详细阐述；第三章分析了高校德育与乡村振兴人才选用机制存在的问题，以及为什么出现这些问题，这些问题该怎样解决；第四章就高校德育与乡村振兴人才选用协同机制的构建原则、实践步骤、实践案例等进行阐述；第五章分析了高校德育的功能定位与理论脉络，对乡村振兴视域下高校德育目标定位、特点、路径和方法等进行了研究；第六章主要研究新时代乡村振兴人才素质模型的建构，从新时代乡村振兴人才的特征、素质模型的建立维度和指标选取、人才的素质定量分析等角度进行了研究；第七章阐述了高校德育与乡村振兴人才选用协同机制的指导思想、机制框架、条件保障等方面的内容。结语部分则对研究进行了总结，并对未来的研究进行展望。

笔者曾深度参与精准扶贫工作，对于乡村振兴工作的难度有准确了解，对我国发展中的城乡发展不平衡有深切感受，对于广大农民群众建设美丽家园的追求倍加理解，这使得笔者始终关注农业发展、农民发展、农村发展，迫切想做一些工作，为乡村振兴事业作出一些个人贡献。

本书可以作为学校教学用书、社会继续教育用书、个人自学用书。本书撰写过程中引用了大量的指示、批示以及著作、论文，新闻、报道，已尽可能全面地在参考文献中予以载明，在此深表感谢。如有错漏，敬请批评！

李宏亮

2024 年 5 月 15 日

目　　录

引　　论

党的十八大以来，以习近平同志为核心的党中央站在确保党和人民事业薪火相传的战略高度，亲切关怀青年成长成才，为做好新时代青年工作指明了前进方向。习近平总书记在不同场合的公共演讲、讲话、寄语和指示，围绕青年人才为乡村振兴服务工作发表的一系列重要论述，多次提到了激励和指导青年人才为乡村振兴服务的重要性。立意高远、内涵丰富、思想深刻，阐明了新形势下青年工作的重大理论和实践问题，指明了当代青年的历史使命和成长道路，对于准确把握青年工作的基本要求和重点任务，引导青年树立远大理想，热爱伟大祖国，担当时代责任，勇于砥砺奋斗，练就过硬本领，锤炼品德修为，激励和动员广大青年为实现"两个一百年"奋斗目标，为实现中华民族伟大复兴的中国梦而勤奋学习、努力工作，具有十分重要的意义。

在习近平同志的指引下，涌现了一批在乡村振兴中作出突出贡献的青年典型。

一、服务乡村振兴的青年典型

新时代，越来越多的青年人才返乡就业创业，服务于乡村振兴战略。他们有的利用所学，推广粮食和经济作物种植技术，带动当地农业科技发展；有的依托互联网经济浪潮，在农村谱写新的就业创业故事；有的则是利用当地得天独厚的旅游资源，开民宿、做直播，促进当地文旅产业发展，推动当地农特产品的销售。下面的几个案例有着突出的代表性。

（一）"新农人"陈帅宇：在广袤的田野里书写青春①

2024 年 3 月 19 日，习近平总书记到湖南省常德市考察调研。当天下午，习近平总书记来到常德市鼎城区谢家铺镇港中坪村，走进当地粮食生产万亩综合示范片区，察看秧苗培育和春耕备耕进展，听取高质量推进农业现代化情况介绍，并同种粮大户、农技人员、基层干部一笔一笔算投入产出账。

"总书记听说我是返乡种田的'90 后'大学生，连着问了我几个问题。"种粮大户陈帅宇当时正在田里育秧，他向总书记介绍了自己的年龄、大学所学专业、回乡种粮时长，以及粮食生产的良种使用、农业机械应用等。亿泽水稻专业合作社的这位"90 后"青年在家门口实现人生梦想的同时，带动乡亲们增收致富。

常德粮食播种面积和产量居全省第一，独特的气候条件和丰富的水土资源，使其成为江南著名的"粮仓"。而鼎城区是全市的粮食主产区，常年粮食种植面积 150 万亩，多次夺得"全国粮食生产先进县"荣誉。

陈帅宇作为近年选择返乡创业、扎根广袤田野的鼎城区"新农人"代表，他的青春奋斗之路独特而又闪光。

陈帅宇出生于 1995 年，大学毕业时，他曾有机会出国工作，但因为看好农业的广阔前景，最终决定留在家乡务农。做粮食经纪人的父亲全力支持儿子，当时就特意带着他自驾 17 个小时，到粮食贸易做得火热的深圳"长见识"。

这趟旅程更让陈帅宇坚定了决心。"我们在深圳的考察，看到了农村尤其是优质稻拥有广泛的发展空间。当时，优质稻这块我们本地还没有做，我就想把这个好品种带回来，认认真真做一番农业事业。"陈帅宇说。

---

① 姜鸿丽，鲁融冰，李妍. 总书记肯定的常德"新农人"，"风光"背后有哪些曲折故事？[EB/OL]. 湖南日报，2024－03－29，https：//www.hunantoday.cn/news/xhn/202403/19675917.html.

2014年，他首先创办了湖南亿泽生态农业科技有限公司，深知农业不能只是自己简单地种田卖粮，还得包括选育种子、建立销售渠道等全流程的掌控。于是他在2016～2020年之间先后牵头成立了湖南亿泽农业专业合作社联合社、鼎城区亿泽水稻专业合作社、鼎城区泽丰农机专业合作社，一边卖种子、农药、化肥，一边自学水稻育种、稻田机械作业等全过程活计，进而带动周边的农户一起积极发展优质稻种植。

"一个新想法的实施，总会遇到一些困难，遭受一些考验甚至阻力。"陈帅宇告诉记者，创业之初的谢家铺镇，人人都想往村外走、向城里跑，而他作为那个返乡的特例也遭到了很多的质疑。"当时老百姓非常不相信我，觉得一个小孩这点大，怎么可能会种田，怎么带领他们致富。"陈帅宇说，那时他从外面学习到的新经验和新品种根本推广不下去，只能硬着头皮自己种。

创业初期，由于缺少人手，陈帅宇曾一天只睡3个小时，也曾在"双抢"时节被太阳晒得中暑。他说："干农业虽然辛苦，但前景很光明，也给了我很大的成就感。"功夫不负有心人，当年他种植的优质稻亩产量就由以前的1000斤增至1400多斤，陈帅宇用实际行动打动了乡亲们。

"对于老一辈人来说，务农是繁重的体力活，但对于我们这一代'新农人'而言，务农则是一份有创造性和挑战性的事业。"陈帅宇深知，要把田种好，技术是关键，品牌建设是突破口。

"我们采取集中育秧、测土配方施肥、病虫害专业化统防统治、全程机械化作业等技术来'定制水稻'。"近年来，陈帅宇带领合作社紧紧围绕优质稻产业发展，应用绿色高产高效技术，以"定制水稻"、产供销一体化的模式，带动农民增收，助力乡村振兴。

目前，亿泽水稻专业合作社已发展社员600余人，合作社内农业技术培训中心、绿色农资超市、稻谷恒温仓库、稻谷烘干中心、全自动精米生产线一应俱全。2021年，合作社流转土地6800亩，服务带动4600家周边农户38000亩水稻生产。其中，订单生产高档优质稻11000亩，托管水稻生产服务面积27000亩。

作为一名从事粮食生产的农村青年，陈帅宇始终坚持为农户排忧解难，身担农村发展重任。

为了带动周边农户经济发展，他为农户搭建了"农资采购平台、配送平台"，实行"六统一"服务，即统一采购、统一配送、统一标识、统一经营、统一服务、统一价格。同时，他还联合全镇其他9家合作社，形成基地集中连片、资源设备互助、技术信息共享的服务农户联合体，为农户提供最低价的农资、最贴心的技术服务。

"我们的公司电商大数据服务平台，可以赊账购买、后期结账，由个人和公司签约后公司便可垫资。我们还开展了农户免费预约，针对需要收割、插秧等机械的农户提供定点接单业务。"陈帅宇说，他希望让农户真正解决"种田难"的问题。

2020年，鼎城区亿泽水稻专业合作社晋升为国家级合作社，并注册了"花稻"系列稻米品牌，申报了花悦稻米、亿泽香米等5个绿色食品稻米产品认证，建立完善 ISO 9001 质量认证体系、稻米产品质量安全追溯体系、高标准质检体系，确保了产品质量安全。2024年，公司更是和益丰大药房达成合作，成为它们的专属供粮品牌。

"回乡创业的这几年，对我来说意义非凡，家乡的巨变更给予了我不断深耕广袤田野的决心和信心。"陈帅宇说，"作为一名'新农人'，我将趁着乡村振兴的东风，继续深耕家乡沃土，在守护粮食安全一线发挥青年智慧、展现青年活力、肩负青年担当"。

（二）"95后"丹巴大学生辞职回乡开民宿：圆梦乡村振兴①

丹巴县是川西高原最早启动乡村旅游的涉藏区县之一，有着"大渡河第一城"和"美人谷"的美誉，经过近二十年的长足发展，其"古碉藏寨美人谷"的形象名扬八方。美丽的丹巴就坐落在川西高原的深山峡谷

---

① 赵云鹏."95后"丹巴大学生辞职回乡开民宿：乡村振兴圆我梦［EB/OL］.人民网—四川频道，2022－01－28，http：//sc.people.com.cn/n2/2022/0128/c403646－35116948.html.

中，大渡河从山间奔腾流过。丹巴的藏寨就依山傍水，面向太阳，坐落在山腰。其中，最有特点的是中路、甲居等村寨，它们和大自然浑然一体，表现出中国西部那种天人合一的神奇和壮美景观。

"2014 年以前很多人都出门打工，留在村子的就靠传统农业，普遍收入不高。年轻人出去了都不愿意回来，村里基本都是老人和小孩。"基卡依村党支部书记经常对外来采访的记者这样回忆。

中路藏寨，藏语意为"神和人都向往的地方"。整个藏寨处于平坦的山腰，大地如同手掌般呵护着这个正对墨尔多神山的村寨。中路位于丹巴县墨尔多山镇，以墨尔多神山为中心的嘉绒藏族文化积淀深厚，现存古碉 88 座、传统藏式建筑 600 多座。近年来，随着大渡河流域乡村振兴的推进，原本隐于深山的丹巴藏寨"走出深闺"，越来越为人所知。

德吉，是一位土生土长的丹巴姑娘，出生成长在中路藏寨。外出求学的她对家乡有着无尽的眷恋，离家越远，思念越深。德吉家是整个中路最早开始经营民宿的那一批。父亲贡布从 1997 年开始，就利用自家碉房的 20 多个房间办起了德吉农庄。一开始，游客前来，只能单纯地欣赏美景，后来，贡布又加入了一些当地的歌舞、美食等以丰富行程。尽管内容上不是太丰富，但如今，德吉农庄年接待量超过 5000 人，来自上海、杭州、北京等地的全国游客为德吉一家带来纯收入 20 多万元。

这些，却不是女儿德吉想要的全部。

对于村子的改变，德吉感受很深。"以前路很烂，游客在山脚下上不来，你看现在，柏油路修到了每一户家门口。"受父亲的影响，德吉自小就在心里埋下了一颗梦想的种子——拥有一家自己的民宿。但她想要的和父辈的农庄又不完全一样。在德吉看来，所谓旅行，更多的是体验，是一种不同风土人情的交流，而不是换张床睡一觉，走马观花拍个标准游客照就走人。德吉说："希望以我的这个民宿为载体，能让嘉绒藏族文化代代流传，也让游客感受原汁原味的嘉绒藏族文化。"

为了能早日实现自己的民宿梦想，同时积累经验，德吉一边在成都的医院工作，一边兼职当酒吧驻唱歌手和旅行团领队，最多的时候一个人要打五份工。她甚至远赴杭州，在京杭大运河边的一家民宿里积累经验。2018 年，在得知家乡开始建设乡村振兴示范区后，医学院毕业，在成都一家三甲医院工作的德吉瞒着父母辞掉了工作，毅然回到家乡中路，成了回乡的第一个大学生。

德吉的这一选择，最开始并不被亲友理解支持，因为当地的传统观念是"在外面混不下去了，没出息，才会回到村里"。德吉说："当时，老师和同学都想不通我为什么毅然决然选择返乡创业，因为我一直是他们眼里那个特别优秀的班长。但我只想说，返乡创业对于那时候的自己来讲，虽然是挺'人迹罕至'的一条路，但我能感受到国家政策在不断地扶持与鼓励，家乡已经不再是以前那个落后贫穷的面貌了。"最开始，父亲贡布也是反对者之一，累过苦过的老父亲希望女儿能在城市中站稳脚跟，安个家，平平淡淡地生活。为此，父女俩有过争论、有过"冷战"，最终拗不过女儿的父亲选择了支持，转而成为女儿最有力的支持者和大管家。

德吉坚持了下来，她圆了自己的"民宿梦"。德吉康瓦，是德吉给自己民宿取的名字。利用自家的土地，民宿的建造严格按照当地传统的工艺施工。民宿主体为 4 层建筑，共设计 23 间客房。用当地特有的一种富含云母矿的石头垒墙，中间夹的是黄土，厚实牢固又保暖，每个楼层板也是在木檩条上架细木，再架更细的柴枝，然后加很厚的黄土夯实，隔音保暖效果比混凝土还好，最后架起方木骨嵌上原木地板。整栋民宿的施工也是请的当地经验丰富的老工匠，全程手工打造。

建成的德吉康瓦民宿，以当地独有的碉寨合璧的建筑形态高耸于中路藏寨高处，经过曲转的林间小路来到山门前，沿石阶而上，推开山门，进院就能看到远远的神山衬着眼前的寨房。两栋碉房相互独立又以廊桥相连。贡布大叔以两个女儿的名字分别命名为"德吉楼"和"拉姆楼"，希望她们各自独立又相互支持。

德吉为了打造民宿倾尽全力，并将整个过程上传至短视频平台，同时不断分享着中路藏寨的美景。2019 年 9 月 29 日，她的民宿"德吉康瓦"

正式开门迎客。截至 2021 年国庆节前，平均每年可以接待游客上万人，营业期间平均入住率达到 70%，在节假日甚至一房难求，往往需要提前 2 个月预定才能入住。今天，这座有着 23 间客房的崭新民宿俨然已成为游客必去的"打卡点"，在整个川西都小有名气。

"我赶上了乡村振兴的好时期，我认为未来返乡创业会成为一种就业趋势，越来越多的'德吉'会响应党和政府的号召，回来建设自己的美丽家乡，青年一代本就应该肩负担当和使命，把家乡品牌打响，更何况我们当下处于互联网新媒体时代，这正是年轻人的优势。"作为当地第一个回乡创业的大学生，德吉认为，"我们需要让外界知道现在的藏乡已经发生了翻天覆地的变化，变的不仅是风貌，还有我们的思维"。

（三）全国农村创新创业带头人典型案例——吴元元[①]

她，改变传统的地栽式为床架立体栽培，大棚由坐北朝南改为坐东朝西，开当地食用菌种植先河，创建了"食用菌周年生产模式"，实现香菇四季生产；她，把食用菌产业由副业转变为主业，在她的引领下，上万农户走上了致富路。她就是"85 后"农家女吴元元，山东省滨州市惠民齐发果蔬有限责任公司总经理，也是第十一届全国农村青年致富带头人标兵。

敢为人先　争当食用菌产业"领头羊"

吴元元中专毕业后，于 2004 年到青岛海尔集团打工，由于成绩突出，被提拔为区域经理。她头脑灵活、敢为人先，2012 年初毅然辞职，回到农村创业。刚开始，吴元元从事苗木种植，结果因为不懂专业技术、经营管理知识缺乏，导致 30 亩苗木亏了本。有了这次教训，吴元元决心踏实学习，从头开始。她通过参加滨州市的农业创业培训学到了知识、开阔了视野、更新了理念、激发了创业热情，选择食用菌产业作为创业领域。

---

① 李丽颖. 全国农村创新创业带头人典型案例——吴元元［EB/OL］. 中华人民共和国农业农村部网站，http：//www. moa. gov. cn/ztzl/scw/cyrhnc/202002/t20200219_6337318. htm.

吴元元先后成立山东惠民艺腾粮棉果蔬种植专业合作社、山东惠民齐发果蔬有限责任公司，拥有 60 个食用菌大棚、2000 平方米的食用菌交易市场、1500 平方米的菌种厂，年生产菌棒 150 万个，自身及带动周边村庄栽植面积 20 万平方米，食用菌（包括香菇、平菇、白灵菇、双孢菇等）年产量 900 吨。2015 年，公司和山东省农业科学院合作，将传统的地栽式种植变为床架立体栽培，提高土地利用率和菌种的质量。同时，将大棚由坐北朝南改为坐东朝西，使得大棚在夏季的受热面减少，研发出了适合夏季出菇的大棚，创建了"食用菌周年生产模式"。

"以前种香菇，自己生产菌棒，费工费力费事。现在从公司承包大棚，公司提供现成的菌棒，还负责销售，省了不少力，每棚还增收了 5000元。"种植户张慧说。

"公司流转 200 亩土地，向菇农付租金的同时还返请有种植能力的菇农当'农业工人'，园区每年用工达 1000 多人，累计带动周边农户 3000余户增收 500 多万元。"1991 年出生的王振，已是公司的生产车间主任。

撸起袖子加油干　搭建蘑菇销售电商平台

随着种植规模不断扩大，这里的食用菌已经走出山东，进入北京、上海、广州等一线城市。在食用菌交易市场里，代理商都来此收购大棚生产的食用菌。这时吴元元发现，单纯依靠代理商解决销售问题有诸多不便，"我们无法和市场直接对接，对价格的谈判权也受局限"。

2017 年 4 月，吴元元联合县域内所有绿色食品标准化生产基地，注册成立了山东鲜吃电子商务有限公司，成立了"惠风和畅、民淳俗厚鲜吃销售平台"，总部设在上海，实现了农产品电商销售新突破，平台上线首日交易量达 3 万元，产品远销 10 多个大城市。

但是，这又出现了新问题，"我们和河北、浙江产地的蘑菇比起来，品种比较落后，卖不上好价格"。在技术专家的指导下，吴元元改变了菇农传统的种植品种，价格也由原先的 1.5 元/斤，直接翻到 3 元/斤。

吴元元注册成立山东鲜吃电子商务有限公司后，电商平台正式上线运营，实现了农产品电商销售新突破，保证消费者以最简便的途径、最合理的价格吃上最安全的农副产品。目前，已由香菇鲜品延伸到近 20 种香菇系列深加工产品，果蔬产品成功落户北京和上海批发市场，并与海底捞火锅、呷哺呷哺火锅签订销售协议，2019 年销售总额可达两亿元。

与菇农共捧饭碗　乡村振兴路上不让一人掉队

"不和菇农抢饭碗，而是用技术带着他们富起来。"这是吴元元的自我定位和要求。公司所在的齐发产业园区周边有 6 个贫困村，吴元元带领这 6 个贫困村的主要负责人外出学习食用菌新的管理理念和种植技术，引导贫困户发展香菇种植。

对有种植能力的贫困户，吴元元扶持他们直接参与大棚种植，按成本价提供菌棒，按保护价收购产品，菌棒的生产成本由公司垫付，在收购产品时从总价中再扣除，保证贫困户每个菌棒有 1.5 元收入，一年大约能有 8000 元收入。

对没有种植能力的农户，她在生产园区内提供工作岗位，直接受益农户达 80 余户，每年农民用工达 1000 多人，收入比个体种植提高 1 倍以上。作为县里的重点扶贫企业，吴元元还与镇政府签订 10 年帮扶协议，协议以每年 15% 的收益率对 6 个贫困村的 169 户贫困户采取保底分红，人均实现分红 450 元。

"现在大棚数量太少，不得不用抽签的方式决定谁能来承包。旺季时，园区内的菇农至少有 1500 人。"吴元元介绍说。小蘑菇承载着菇农对致富的期盼和渴求。随着公司效益愈加稳定，也承担起了更多扶贫任务。2018 年全年，公司通过务工帮扶、扶植创业、直接分红、基金扶贫、电商扶贫等方式，实现人均增收 200 余元。而到 2019 年底，人均增收达到 500 元以上。

（四）青年电商引领返乡青年共筑乡村振兴梦①

"从我们大凉山的西昌市往昭觉县方向走，大概出来 80 公里就可以看

---

① 探索如何做好青年电商人才培养工作"青 DOU 计划"引领返乡青年共筑乡村振兴梦［EB/OL］. 中国青年报，2024 - 02 - 21，http：//zqb. cyol. com/html/2024 - 02/21/nw. D110000zgqnb_20240221_8 - 03. htm.

到梭梭拉打村，那一片山就是我的蜂场……"身着彝族服饰，何桂枝在社交平台置顶着这样一段介绍自己蜂农身份的视频，真诚而又朴素地向网友展示着美丽的梭梭拉打村蜂蜜园。真诚是最大的特色。每次直播，何桂枝都身穿彝族服饰，言语间满是对家乡大凉山的热爱。从默默无闻到建立蜂场，再到账号粉丝达 34.4 万，何桂枝和丈夫张晓骐一起努力了 10 年。2014 年，在成都闯荡的何桂枝夫妇始终感觉缺少归属感，直到亲友送来的大凉山土蜂蜜勾起他们儿时的记忆。"我们回凉山去吧，这样好的蜂蜜应该让更多人尝到。"当时 24 岁的何桂枝不顾家人的反对，义无反顾地跟着张晓骐回到他老家凉山彝族自治州西昌市，成立阿米子食品有限公司，开始了卖蜂蜜之路。"阿米子"取自彝语，是"美丽姑娘"的意思。何桂枝希望能让"阿米子"代表大凉山，把大凉山更多的好产品卖出去。然而，摆在他们面前的是一大难题：作为没有任何养蜂经验的"90 后"，怎么找到蜂蜜？怎么辨别蜂蜜好坏？

为此，夫妻二人跟着当地蜂农一起辗转于鲜花盛开的大山里，跑遍了凉山 1379 个村落，又拜访云南、福建等高校的农业专家，学习如何利用化学试剂分析蜂蜜中的微量元素，保证原料天然无污染。3 年时间里，何桂枝夫妇开着车跑了 30 多万公里，车进不去的山路就用脚走，慢慢熟知蜂蜜的一切，终于在 2018 年建立了自己的蜂场。2020 年，受新冠疫情等因素影响，农产品滞销严重，何桂枝夫妇的蜂蜜年销售额一度下降到 300 万元左右，新难题接踵而至。为了帮扶这些返乡创业青年，中国青年创业就业基金会通过支持团四川省委"青创计划"及项目经费，为四川省创业青年提供小额免息借款、导师结对指导及电商培训等支持，同时团四川省委积极开展爱心助农直播活动，并通过流量支持、运费补贴等各项促销措施，助力农产品快速销售。

在团组织的引领和帮扶下，何桂枝夫妇下定决心要从幕后走到台前，从做生产商到做大凉山自己的蜂蜜品牌，开始尝试直播带货。在此之前，了解大凉山蜂蜜的人少之又少，全国更是找不到一个有名的凉山蜂蜜品牌。当地团组织便授权何桂枝使用"凉山青创"等官方宣传窗口进行直播间销售，让其自创品牌得到更多人的认可。可如何直播是个头疼的问题。商品怎么提报？怎么讲解？直播间的奖品方案又怎么设置？团组织的流量扶持和授权只是帮助品牌走出了小小的第一步，把凉山的好产品介绍好并成功卖出去还需要学会走好"直播助农"这条路。单纯参加直播培训课程不如一次次实践，当地团组织每一次邀请流量达人来与何桂枝一起直播，她都把这些合作视作学习的机会，跟着头部主播有样学样。直到2023年，何桂枝明显感觉陷入成长"瓶颈"，凭借过去一年学习的直播经验已经增长乏力。"参加团四川省委主办的2023年'创青春'川渝青年创新创业大赛，可以说是极大地帮助了当时陷入成长'瓶颈'的我们。"何桂枝说。

2023年，在团四川省委主办的"创青春"大赛中，何桂枝一举拿下青年电商主播专项赛成长组银奖。但对她而言，最大的收获并不是这个奖项，而是在整个比赛中得到的专业指导。比赛每一阶段，都有专业老师对他们进行培训，如何精准抓流量？如何应对数据的波动？一系列指导颠覆着何桂枝之前对直播的认知，也让她反思了自己此前的方式方法。比赛结束后，她把在比赛中学到的场景设置、话术技巧等知识逐一实践，如今品牌通过直播电商每日能达到20万～30万元左右的销售额。看到大凉山蜂蜜被越来越多的人认可，何桂枝夫妇更加坚定了自己所走的路，希望能有更多的年轻人像他们一样以"直播助农"的方式把大凉山的好产品带出去。为此，他们成立凉山创十七供应链管理有限公司，依托团凉山州委直接领导的凉山州青年创业就业促进会，帮助全州创业青年销售大凉山本地农特产品。2023年，凉山创十七供应链管理有限公司开展直播助农超过230场次，总销售额超过3000万元。

在全国，像何桂枝这样的返乡创业青年还有很多。黑龙江省延寿县的付丽丽在团黑龙江省委开展的电商培训帮助下，成功地从短视频美食博主转型成为销售"黑土优品"的直播电商达人，将哈尔滨红肠等优质产品推向市场；重庆市江津区的石蟆橄榄女孩何春梅在乡村振兴战略的感召下，回到家乡成立淘家乡电子商务有限责任公司，用电商渠道打开家乡橄榄的销路，带动乡亲们增收致富……如今，越来越多的青年回到家乡助力乡村振兴，在团组织的帮扶下不断成长。团组织亦在帮扶一个个返乡创业青年的过程中汲取经验，不断探索如何做好青年电商人才的培养工作，为此，"青DOU计划"应运而生。"青DOU计划"是中国青年创业就业基金会联合抖音公益发起的公益项目，旨在吸引发掘一批像何桂枝这样"懂农业、爱农村、爱农民"的乡村青年创客，并给予帮扶指导，引领他们返乡入乡、创业兴业。"参加'创青春'比赛时，有位培训老师说农业可能比较辛苦，我非常能感同身受。"10年前从零做起的何桂枝深刻了解农民的不易，更激发了她带着大家一起致富的劲头。怀揣着对家乡的热爱，何桂枝应团组织邀请参与到此次"青DOU计划"中。2024年1月20日至2月28日，"青DOU计划"公益项目"助农对接季"川渝专场和牡丹江专场在抖音平台开播。不同于刚接触直播时的稚嫩青涩，如今在"青DOU计划"中的每一场直播，何桂枝都能熟练又生动地介绍大凉山的好产品，把大凉山土特产的好口感、好品质展示得淋漓尽致。如今，以何桂枝为代表的青年主播纷纷参与到"青DOU计划"中，通过直播带货的形式助力本地腊肉、蜂蜜、大米等"土特产"的销售，带动当地特色农产品产业发展。在两周时间里，"青DOU计划"公益项目"助农对接季"川渝专场和牡丹江专场已完成约1273万元的农产品销售。在抖音平台设置的"#青DOU计划"主话题里，青年主播纷纷发布视频为家乡"代言"，目前话题已有1.4亿次的播放量，他们期待能有更多志同道合的小伙伴加入，一起为乡村振兴助力。

（五）小镇青年乡村振兴立潮头①

汤亚锋，时年30岁的沅江市三亚农资专业合作社负责人，领导其合作社解决了当地200多户农民的就业问题，为当地农民就业作出了巨大的

---

① 新春走基层·小镇青年｜汤亚锋：宝剑锋从磨砺出 振兴乡村立潮头［EB/OL］. 红网，2024－02－20，https：//hn. rednet. cn/content/646846/64/13546370. html.

贡献。他是一个地道的农民，吃苦、耐劳；他是一个不会服输的汉子，坚韧、挺拔；他是沅江市三亚农资专业合作社这艘航船上的"船长"，睿智、不畏前难。与土地相伴多年，他用双手成就了非凡事业，也成了带动农民精准脱贫的"致富能手"。2023年11月，汤亚锋因成绩突出上榜益阳市人民政府金犁项目"农村创新创业乡土导师"人才榜。沅江市三亚农资专业合作社成立于2011年3月31日，坐落于美丽的洞庭湖畔沅江市黄茅洲镇新河口村中码头，是一家集销售、服务、种植于一体的多营企业。合作社现有员工34人，其中高级农技师2名，专业管理人员4名，无人植保机操控手12名（拥有资格证书），收割机、旋耕机操控手10名，以及其他服务人员（包括种植能手）；拥有耕地机5台、收割机5台、播种机2台。自2017年开始至今，开展无人植保机服务，拥有的无人植保机由原来4驾发展到现今共计18驾，服务总面积达到32万亩次以上，对接了国家提出的实现化肥、农药使用减量的目标。合作社始终秉承"质量求生存，服务求发展"的宗旨，赢得老百姓的口碑及认可。之前从事农业生产资料的销售，从2011年开始发展水稻统防统治服务，至今10年时间里总面积（早、中、晚三季）达65万亩以上。同期发展水稻种植及其他作物种植，累计种植面积达1.5万亩以上，涉及湖南省多个区域，主要在沅江区域。另外自2018年开始推行联合种植（采取公司＋合作社＋种植能手＋老百姓模式）、统一管理、从种到收的整体布局，老百姓以土地入股的形式，生产全部托管，从而节约劳动成本及生产资料成本。科学的管理模式，使老百姓增产增收。

汤亚锋自担任沅江市三亚农资专业合作社负责人以来，深深地知道，要想企业更快更好地发展，员工的素质一定要不断提高，于是，他抓管理、抓业务、抓队伍，开创了现代化企业管理的新局面。合作社还将小规模经营社员的基地全部纳入合作社核心基地，采取"合作社＋核心基地＋农户"的组织模式，核心基地示范带动、统一规划、统一标准、统一管理，全面推进生态化种养、标准化管理、市场化运作、产业化经营模式，建立并完善对农民的社会化服务体系，围绕绿色防控、飞防植保、稻虾生态产业，积极调整农业产业结构，以黄茅洲镇新河口村中码头片区得天独厚的自然资源和气候条件优势，打造绿色防控、飞防植保、生态稻虾产业循环经济经营模式，提升土地产出率和劳动生产率，实现生态农业的永续发展。合作社采取多种方式与基地周边贫困户或种植养殖专业户建立起利益联结机制，走共同发展致富的道路。"这些年来，汤总带领我们大家发展产业，为我们提供优质稻种、虾苗、技术指导，现在小龙虾虾苗长势不错，不出意外明年肯定是一个丰收年！"村民郭鹏飞告诉记者，村里的群众都对他们的工作十分认可。面对群众称赞和政府认可，汤亚锋不骄不躁，他这样说："脚不沾泥土气息，身上不带露珠，就散发不出乡土气息，我认为乡土人才就是要多与我们村的实际情况相结合，从群众的利益出发，大家共同走好乡村振兴之路！"

总之，青年人才在乡村振兴中有着不可替代的作用。通过他们的努力和行动，乡村振兴得以不断推进。这也充分体现了青年人才对国家和民族的热爱和责任，同时也表明了他们对自身事业的追求和信念。

这些事例也表明，青年人才可以通过自己的实际行动和服务，为乡村振兴作出积极贡献。他们不仅推动当地经济社会的发展，也对当地的文化、教育产生了深刻的影响。通过他们的真实案例，更能够激发更多的年轻人加入到乡村振兴的行列中来。由于城市化的快速发展，农村劳动力向城市转移的趋势不可逆转。然而，近年来越来越多的青年农民工选择返乡创业，成为乡村振兴的重要力量。他们将城市中学到的技能和经验带回家乡，创办了种植、养殖、旅游等各种农业新业态和产业，推动当地的经济社会发展。

中国还存在着一些偏远山区的医疗资源匮乏和卫生条件较差的情况。许多青年医生正积极响应国家号召，投身到偏远山区为当地居民提供医疗服务。他们在艰苦的条件下工作，用自己的专业技能为当地人民服务，为他们带去健康和希望。

大学生志愿者参与乡村教育服务是青年人才服务乡村振兴的又一典型事例。许多大学生通过各种形式的志愿服务进入乡村学校，为学生提供辅导和支持。他们组织课外活动、开展科普教育、提供职业指导等，不仅丰富了乡村学生的学习经验，也拓宽了他们的视野和未来发展机会。

越来越多的青年人才选择在农村创业，通过创新的农业生产方式和农产品加工，为当地经济发展注入新的动力。他们运用现代科技、农业专业知识和市场营销能力，改进农业产业链，提高农产品质量和附加值，推动农村经济的升级和转型。青年科技工作者在乡村振兴中发挥了重要作用。他们运用先进的科学技术，研发出适合农村需求的创新产品和解决方案。比如，利用无人机进行农田巡查和精准喷药、开展数字农业管理、推广新型农业设施等，提高了农业生产效率和质量，帮助农民增收致富。

二、基于以上典型案例的分析

在城市化步伐不断加快的背景下，农村的空心化问题也日趋严重，老人和留守儿童成为乡村人口的主体。这两类人中的老人，思想已经跟不上时代变化，劳动能力和知识储备都与当前乡村振兴的要求不相匹配；留守儿童自身尚在学龄前或处于义务教育阶段，也不能服务于乡村经济发展。人口的结构、素质和能力成为困扰农村发展的一大主因。

在这样的背景下，上述五个案例的主人公却"逆流而上"，成为乡村振兴的杰出代表。分析当前的政策环境，以及"陈帅宇们"的乡村振兴故事，可以为促进大学生服务乡村振兴找到理论依据。

（一）乡村振兴是大势所趋

2018 年 3 月，习近平总书记在强调深刻认识乡村振兴的重要性和必要性时表示："农业强不强、农村美不美、农民富不富，决定着全面小康社会的成色和社会主义现代化的质量。"① 各级政府也把"产业振兴、人才

---

① 高云才. 乡村振兴，五个方面都要强［EB/OL］. 人民网，2018 - 03 - 25，http://society. people. com. cn/n1/2018/0325/c1008 - 29887040. html.

振兴、文化振兴、生态振兴、组织振兴"作为乡村振兴的五个衡量标准。产业振兴是乡村振兴的重中之重，是增强农业农村内生发展动力的源泉，是乡村全面振兴的基础和关键。只有实现乡村产业振兴，才能不断完善农业产业链，培育农业产业新业态，拓宽农民收入渠道。①

人力也是生产力，人才是乡村振兴的关键要素，能够使产业、资金、土地实现有效的结合，在提升新质农业生产力方面发挥关键作用，为文化振兴提供更多可能，为生态振兴和组织振兴制造源头活水。由此可见，青年人才是乡村振兴的要素之一，其作用不可或缺。乡村振兴是大势所趋，青年人才在乡村振兴中能够寻找到自己干事创业的舞台。

无论从哪个角度来看，乡村兴则国家兴，乡村衰则国家衰。因地制宜谋发展，党和政府对于实现乡村振兴的决心是强大的，各级地方政府对于乡村振兴的总体方向把握是准确的，比如何桂枝就是在当地团组织和团四川省省委的帮助下，接受技能培训、帮助增加流量，才一步步走出了电商成长困境。党中央的定调指引、地方政府的切实帮助、有志青年的观念转变，在乡村振兴这条路上形成了合力，带动当地产业发展，使新业态、新经济跑出了加速度，使新农人成为乡村振兴的带头人。

（二）青年返乡人才的共同特征

分析这些青年人的人生道路，可以发现，他们具备一些相同的特质。

1. 乡土情结

无论是陈帅宇、德吉、吴松、汤亚锋，还是何桂枝、付丽丽，他/她们都有着共同的乡土情结，热爱家乡、热爱土地，主动寻找来自乡土的归属感，有志把乡村建设得更好，更是把乡村当成干事创业的舞台，这都成为他们走上乡村振兴道路的内在驱动力。兴趣是人最好的老师，热情是人进行重要决策的最大源动力。正是他们共同拥有的对乡村的热爱，才使得

---

① 李庆霞，孙熙雯. 产业振兴是乡村振兴的重中之重［N］. 光明日报，2024 – 05 – 28.

处于相同年龄段、来自不同地区的人，做出了相同的抉择。

2. 综合素质和能力

我们可以看到，这些青年典型不仅自己在乡村振兴中取得了个人的成功，还带动了当地经济发展。比如汤亚锋的合作社，拥有包括高级农技师、无人机操控手等专门人才在内的员工 34 人，作为合作社的负责人，需要相当的领导能力才能使合作社正常运转。比如他需要有良好的沟通能力，这是最基本、应用最广的能力，他需要对新决策做出解释，使下属更好地理解并执行，需要帮助员工跨部门沟通与协作；比如感召力，这是一种看不见的精神力量，使员工愿意追随并主动帮助他分担工作；比如决策力，需要他对整体情况准确把握，进行科学研究、深入分析、适时调整，为合作社发展做出正确的分析和判断；比如前瞻力，团队负责人前瞻力的强和弱会极大影响团队的发展方向——实际上他能够做出返乡创业的决定，已经在一定程度上证明了他前瞻力的存在。凡此种种，说明在乡村振兴人才身上，领导力和管理能力是必备的素质。

3. 具备创新思维

陈帅宇水稻自主育种，创新了种业新思路，呼应了"中国碗盛中国饭"的号召；吴松新型农业设施的使用，打破了祖辈传承的传统耕作方式，提升了农业生产效率，节省了人力成本；付丽丽利用蔬菜废弃物资源制作生态有机肥，减少了以往化肥使用过多对农田生态的破坏，提升了蔬菜品质，不仅使产品适应市场对于食品安全的要求，也使农田生态进入可持续状态，为农村生态发展作出了贡献；德吉文化带动旅游的民宿经营新理念，有别于其父亲的经营方式，实现了父女两人的差异化经营，并能够"以文化留人"，增加了客户粘性，走出了一条新时代青年传承和发展乡村文化的新路。

从以上分析可以看出，这些青年典型身上具备相同的创新思维。创新作为一种思维方式，有三层含义：一是更新，二是创造，三是改变。即便陈帅宇进入传统的主粮种植行业，他更新了传统的耕种模式；何桂枝夫妇从无到有、从小到大，把一个直播账号做"火"，是一种创造；汤亚锋把一家集销售、服务、种植于一体的多营企业做大做强，不再是单一的农资销售模式或农业种植模式，是对传统企业经营模式的改变，这就是创新。

4. 创业精神

所谓创业精神，是指在创业者的主观世界中，那些具有开创性的思想、观念、个性、意志、作风和品质等。激情、积极性、适应性、百折不挠、雄心壮志是创业精神的核心要素。

观察上述所及的青年创业典型，我们可以发现，他们的思想、观念是迥异于父辈的，德吉"以文化留人"的做法有别于其父亲传统的民宿经营方式；他们有着接受新事物的开放思想，何桂枝夫妇借助直播平台，采用了从来没有的农产品销售方式；他们有着勇立时代潮头的前卫观念，陈帅宇能够从深圳引进优质稻种，并自主育种育苗；他们有着坚持个人追求的个性品质，能够在乡村振兴的政策引导下，不在乎他人的偏见，扎根乡村；他们也有着困难来袭、勇于面对的意志，创业初期，由于缺少人手，陈帅宇曾一天只睡3个小时，也曾在"双抢"时节被太阳晒得中暑；他们有着良好的个人品质，能够让周围人追随他们投入乡村振兴事业。这些都是他们能够成为典型的原因。

5. 学习能力

学习能力是个体在学习、工作、生活中所具备的心理特征，是顺利获得解决学习、工作、生活问题能力的能力。学习能力包括观察、记忆、阅读、想象、创造、理解等各种能力。具备学习能力的个体能够有效地吸收、理解、应用新知识。学习能力不只在课堂上可以获得，还可以在工作、生活的各种场合获得。

分析以上案例中的五位青年，我们可以发现，这些个体身上具有共同的学习能力强的特征。吴元元首次回乡创业种植苗木失败，积极参加山东省滨州市的农业创业培训，改种香菇，最终取得成功；何桂枝参加四川省"青创计划"的一对一电商培训，最终把直播账号经营好，拓宽了农产品的销售渠道；陈帅宇也曾远赴深圳参观考察，带回优质稻种。由此我们可以发现，这些青年主动学习的意识很强，也具有很强的"学中做、做中学"的社会学习能力。

分析以上这些案例，我们可以发现，研究这些青年身上的特质，并把这种研究融入高等教育的德育体系，为乡村振兴输送更多的人才资源，是高校教育工作者的责任，也是实现国家战略的时代要求。

第一章

绪　论

一、研究背景与研究意义

高校德育与乡村振兴人才选用是乡村振兴战略中的重要议题之一。随着乡村振兴战略的深入推进，人们越来越认识到培养和选拔优秀的乡村人才对于乡村振兴的重要性。在这个背景下，高校德育作为人才培养的重要环节之一，也需要与乡村振兴的目标和需求相结合，以培养更多符合乡村振兴战略要求的人才。

（一）高校德育与乡村振兴战略人才选用的契合点

1. 价值观教育

高校德育可以通过教育培养学生正确的价值观，强调社会责任感、家国情怀和乡村情结，使学生具备为乡村振兴作出贡献的自主意识和强烈使命感。党的十八大报告明确提出"三个倡导"，同时又强调要"推动中国特色社会主义理论体系进教材进课堂进头脑"①。高校是培养未来国家建

---

① 宇文利，金德楠. 党的十八大以来思想政治教育研究述评［J］. 思想政治工作研究，2022（05）.

设人才的重要园地，也是用社会主义核心价值体系武装青年的重要阵地。在高校大力加强社会主义核心价值观教育，是培养未来高素质人才坚强的思想、政治和组织保证。

加强高校学生的社会主义核心价值观教育，必须密切结合现代青年的思想特点、成长规律、发展要求，紧密联系现代社会发展形势，创新方法，找准路径，确保实效。密切结合现代科技快速发展、现代青年渴求新科技的时代特点，积极推进现代科技创新与核心价值观教育的深度融合。

当前，互联网、移动互联网，基于互联网与移动互联网的新平台、新媒体，及基于电子技术、网络技术、信息技术、数字技术等发展而产生的现代科技产品，深入渗透到人们生活的每一个角落，深刻影响着现代人的思想与生活。当代青年是科技创新发展的受益者，也是贴近新科技的活跃群体。应充分利用现代科技手段传播先进思想文化的快捷性、广泛性、渗透性、亲和性的特点，利用现代科技产品，实现社会主义核心价值观"润物细无声"的深度传播。立足校园科技平台，充分利用校园网、校园广播、校园电视、微信公众号、微博超话等青年学生日常接触多、参与广的传播平台，采用灵活多样的宣传方式，实现理论宣传的深度传播，将校内科技平台打造成社会主义核心价值观传播最坚实的理论阵地。

实现校内科技平台与核心价值观教育的融合，重点注意导向作用，突出抓好内容建设，关键是强化方式的灵活多样。要坚持从学生身边事、社会热点等出发，引导创作青年学生喜闻乐见的内容节目，将社会主义道德、社会主义意识形态、社会主义核心价值等正向内容融入节目中，利用校园科技平台进行广泛传播，通过现象剖析、理论解说，潜移默化地以主流思想舆论引领校园文化。

建立高校舆情监测引导机制，强化社会科技平台传播内容对青年学生思想影响的引导。要引导学生树立正确的思想观，就要时刻关注容易对青年学生思想造成深刻影响的社会热点，及时制定传播预案，积极介入舆论引导。要充分利用高校自身优势，通过及时召开辩论会、座谈会、专家讲座等形式，让学生对社会热点发生的根源、趋势、影响有正确的认识，从而树立大是大非思想，坚定立场，自觉地与党和国家的根本原则保持一致，与最广大人民群众的根本利益保持一致。

从乡村振兴人才选用机制来看，一是可以通过价值观教育，推动人才向乡村流动；二是可以通过校内科技平台与价值观教育的融合，借助灵活多样的方式，利用学生喜闻乐见的内容，实现乡村振兴这个主流导向的引领。

2. 创新创业人才培养

高校德育可以引导学生实践创新精神，鼓励他们在乡村振兴领域深入研究和积极实践，培养乡村振兴领域的专业人才。创业创新已经成为全球性的时代主旋律。联合国教科文组织在《21世纪的高等教育，展望与行动世界宣言》中提出，高等学校必须将创业技能和创业精神作为高等教育的基本目标，要使毕业生不仅成为求职者，而且成为岗位的创造者。我国积极鼓励高校学生创新创业。作为未来党和国家事业的接班人，深入推进青年学生创业创新实践教育与核心价值观培育的融合，是实现富强、民主、文明的社会主义现代化国家的前提保证。

创新创业人才培养与核心价值观融合，有以下几个方向：

（1）加强创新创业目的及价值教育。教育和引导青年学生树立全新的职业理念，充分认识到创新创业是市场意识、责任意识、合作意识、法制意识、奉献精神、拼搏精神的高度结合，使青年学生自觉地把自我价值的实现与社会发展的要求相统一。

（2）要加强对青年学生创新创业过程中的思想方式、生活方式、行为方式的引导。在积极为青年学生创造创新创业条件的同时，要让学生直面创新创业过程中的困难与挫折，引导学生在与困难和挫折的斗争中，树立不屈不挠、奋斗拼搏、追求卓越、积极向上的时代精神。

（3）要引导学生将创新创业与可持续发展结合起来。创新创业教育过程中，使学生在创业实践中充分认识到，不具备可持续发展特点的创新不是真正的创新，不具备可持续发展的创业难以真正成功。从而使学生树立与社会和谐相处、与自然和谐相处的和谐发展理念。

（4）将劳动教育作为培养创业精神的重要抓手。劳动教育与创新创业教育有明确的契合点，创业是具备创新特点的劳动，劳动教育可以帮助大学生培养创新意识、提升创业能力、强化创业精神。在乡村振兴的宏大叙事背景下，大学生创新创业具有更加广阔的舞台，在产生创业动机、组建创业团队、整合创业资源方面，有政策、环境、资源优势。将劳动教育纳入人才培养模式改革，可以使大学生锤炼素质、强化精神，更加脚踏实地。

3. 社会实践

高校可以组织学生参与到与乡村振兴相关的调研和社会实践活动中，深入了解乡村的实际情况，培养大学生对乡村发展问题的敏锐洞察力和解决问题的能力。当代中国，经济社会高速发展，人民群众的生活发生了翻天覆地的变化。相伴而生的，是人们的思维方式、生活方式和价值观念更加多元。青年学生是社会活动的重要参与者与推动者，在社会快速发展的时期，青年学生更容易迸发强烈的社会参与激情。对青年的社会参与激情进行合理引导与有效控制，培养青年胸怀祖国、放眼世界，以国家和人民利益为重的时代精神，实现国家强盛和民族复兴的历史责任感，意义深远。

高校社会实践，是实现大学生社会参与的较好方式，学生社团是高校学生社会实践的良好载体。学生社团作为学生自己的组织，是学生政治激情释放的舞台，对于学生天生就具有向心力与凝聚力。将乡村振兴战略深度植入学生社团活动中，使学生在社团组织的活动中进行深入的乡村社会实践，是可以考虑的方式。

对于学生社团的管理，一是在社团活动的内容设计上，要充分考虑青年学生的特点，结合高校学生的学术专业优势，实现以青年学生自我提高的目的，使活动真正融入乡村振兴事业中。二是加强活动的规范化管理，建立健全章程制度，做到工作组织井然有序，成员各尽其职。确保活动不走形式、不走过场，用学业提升活动，用活动检验学业。培养学生的组织性、纪律性，在乡村振兴社会实践中舍弃小我、融入大我，并受教育、做贡献、长才干，使自我的责任意识和奉献精神得以提升。

（二）乡村振兴人才选用的研究背景

2018 年 3 月 8 日，习近平总书记在参加十三届全国人大一次会议山东代表团审议时指出："要推动乡村人才振兴，把人力资本开发放在首要位置，强化乡村振兴人才支撑，加快培育新型农业经营主体，让愿意留在乡村、建设家乡的人留得安心，让愿意上山下乡、回报乡村的人更有信心，激励各类人才在农村广阔天地大施所能、大展才华、大显身手，打造一支强大的乡村振兴人才队伍，在乡村形成人才、土地、资金、产业汇聚的良性循环。"[①] 2021 年 12 月 26 日，习近平总书记对"三农"工作做出重要指示："乡村振兴的前提是巩固脱贫攻坚成果，要持续抓紧抓好，让脱贫群众生活更上一层楼。要持续推动同乡村振兴战略有机衔接，确保不发生规模性返贫，切实维护和巩固脱贫攻坚战的伟大成就。'三农'工作领域的领导干部要抓紧提高'三农'工作本领。"[②]

作为亟待振兴的乡村，对于人才的需求是强烈的，对于人才能力的要求也是多样的。

1. 专业背景与技能需求

乡村振兴需要各类专业背景的人才，如农业、农村经济管理、社会工作、环境保护等。乡村振兴需要的是全方位的人才，他们需要掌握农业、经济管理、市场运营、环境保护等多个领域的知识。比如了解农业科技，掌握与种植、养殖、渔业等有关的行业、产业、专业知识，具备运营村级工业、旅游等资源的管理知识。乡村振兴需要系统化管理人才，以全面提升乡村经济、社会和文化的水平。研究重点关注乡村振兴所需人才的具体

---

① 汪晓东，李翔，刘书文. 人民日报署名文章：谱写农业农村改革发展新的华彩乐章——习近平总书记关于"三农"工作重要论述综述［EB/OL］. 新华社，2021 - 09 - 23，https：//www. gov. cn/xinwen/2021 -09/23/content_5638778. htm.

② 习近平论"三农"工作和乡村振兴战略（2021 年）［EB/OL］. 学习强国学习平台，http：//www. moa. gov. cn/ztzl/xjpgysngzzyls/zyll/202105/t20210524_6368271. htm.

技能和专业知识，以确定如何在高校中培养这些人才。乡村振兴需要各种领域的专业人才，因此研究应该关注乡村振兴所需人才的具体技能和专业知识，包括农业技术与管理、农村经济发展、社会工作、环境保护、乡村规划、农村金融等。研究通过分析行业需求和战略目标，推动高校培养相关专业人才，并形成适应乡村振兴需求的课程体系。

2. 德、智、体、美全面素质

乡村振兴涉及多个领域和层面，除了专业知识外，还需要具备全面素质。研究可以探讨乡村振兴人才的德、智、体、美等各个方面的素质需求，为高校德育提供指导。乡村振兴需要具备全面素质的人才。除了专业知识和技能外，培养学生的道德、智力、体育、艺术等方面的素质同样重要。高校德育可以通过提供道德伦理教育、思想政治教育、综合素质拓展课程和体育艺术活动等，培养学生的全面素质，使其具备适应乡村振兴需要的综合能力。乡村振兴是产业、文化、生态、组织等的全面振兴，因而在人才需求上具有多元性，包括农业产业经营人才、农村二三产业发展人才、乡村公共服务人才、乡村治理人才、农业农村科技人才等。

当前，与地方需要的乡村振兴人才需求相比，高校涉农专业人才培养在一定程度上存在知识专一化、技能单一化、专业分散化等问题。教育部印发的《高等学校乡村振兴科技创新行动计划（2018—2022年)》将"人才培养提质行动"作为重点任务之一，具体包括"促进学科专业发展建设""强化人才培养""加强基层人才能力培训"等方面内容，这为高校培养涉农人才指明了方向。2019年，在教育部统筹规划下，"新农科"建设拉开帷幕，旨在推进农科与理工文学科深度交叉融合，主动适应信息社会对人才需求的转变。众多高校锚定国家重大战略需求，面向新农业、新农村，主动适应变革，因时而进、因势而新，以创新方式培养复合型人才，培养切实推行科技小院专项、乡村振兴等专项研究生招生项目，使一批研究生层次的应用型人才脱颖而出。下一步，高校与地方需要持续互动，周期化、常态化优化涉农专业设置，以切实增强乡村人才需求与高校人才培养供给的匹配程度。

3. 乡村振兴领导力与实践能力

乡村振兴需要具备良好的领导力和实践能力的人才。研究可以深入探讨乡村振兴人才的领导力特征、能力培养途径和实践经验，为高校选拔和培养乡村振兴人才提供参考。乡村振兴涉及组织协调、项目策划和运营、政策宣传推广等方面的工作，因此需要有能力领导和推动乡村发展的人才。"新农人"不仅需要具有一定的科学文化素质、掌握现代农业生产技能，而且需要具备一定的经营管理能力。

涉农人才同样需要具有极强的实践性技能。实践技能仅仅在大学课堂是培育不出来的，因而亟待创新人才培养模式，加强校地协同，在培养过程中推进理论与实践的融合。一方面，将"土专家""土秀才"等乡村人才引进高校课堂，与高校专职教师一同开展专业技术技能教育，在丰富高校课堂教学内容的基础上，培养学生理论与实践相结合的自觉性。另一方面，将高校教师与学生引入"希望的田野"，拓展高校教师与学生对乡村的认识，做到真正了解乡村、理解农村，进而懂农业、爱农村、爱农民，并将所学的理论知识应用于农村，打通理论与实践之间的"梗阻"。当前，创新人才培养模式在实践层面已经有所推进，但仍存在诸多壁垒，需要高校与地方共同推进，以实践为基础，在未来进一步加强顶层设计。

4. 开拓创新的能力

乡村振兴到底需要什么样的人？需要的是不怕困难，勇于拥抱变化，善于创新的人才。他们能够不断深入思考、总结经验，不断把新知识和新技术迁移到乡村振兴中，不断探索新的模式和新的业态。乡村振兴需要的是多维度看问题的角度和多层次想问题的高度。青年人才只有经过不断地探索和创新，方能使乡村经济、文化、社会和生态发生全方位、全过程的变革。

伴随经济社会发展，人才在不同机构、不同地域之间的流动愈加频繁。而乡村在社会服务、公共设施等方面与城市相比，还存在诸多短板。

如果脱离实际情况，试图将人才"固定"在乡村，很可能会伤害他们的"乡村情感"，打消他们建设乡村的积极性，为乡村人才队伍的建设和稳定带来负面影响。因而，对涉农人才的应用策略应更加灵活合理，秉持可"不为我有"但"必为我用"的逻辑，建设一支容纳不同层次、类型、专业的人才队伍。

灵活合理用好涉农人才，既需要高校在推进学生就业工作中更加面向广大乡村，引导学生扎根乡村；也需要地方在用才时不拘泥于形式，为乡村人才提供个性化岗位。例如，通过建构乡村人才的委托培养与定向培养制度以及地方各种优惠性政策，强化高校的"推力"与地方的"拉力"，进而形成"合力"，吸引人才到乡村就业甚至安家。通过建立高校科技人员等各类人才到乡村挂职等制度，推动人才周期性、滚动化服务乡村。通过地方与高校协同开发周期性培训课程，使乡村人才的知识与技能在服务过程中不断提升，更好地服务乡村。

综上所述，高校德育与乡村振兴人才选用的研究，需要关注培养学生的乡村情怀，提升其专业素养和全面素质，同时也需要深入研究乡村振兴战略对人才的需求。乡村振兴需要的是那些带有深厚乡土情结的人，这些人愿意将自己的青春奉献给乡村，不断推进乡村发展。他们热爱家乡，对家乡的未来充满信心和希望，愿意为了家乡的发展而不懈奋斗。他们有强烈责任感和使命感，把乡村振兴与自己的人生命运紧密相连，是那些无私而具备奉献精神的人。专业背景与技能需求，德、智、体、美的全面素质，以及乡村振兴领导力与实践能力，是高校德育与乡村振兴人才选用研究的重要方面。继续深入研究和探讨这些问题，可以为高校培养符合乡村振兴需求的人才提供理论指导和实践经验，促进乡村振兴战略的顺利实施。

（三）高校德育与乡村振兴人才选用研究意义

1. 塑造合格的乡村振兴人才

高校德育与乡村振兴人才选用的研究可以为高校提供指导，帮助其培养出符合乡村振兴需求的人才。通过关注德育和乡村振兴战略目标的匹配，可以确保高校培养的人才具备应对和适应乡村振兴挑战和需求的能力，推动乡村振兴工作朝着正确的方向发展。高校德育与乡村振兴人才选用的研究对于培养符合乡村振兴需求的人才具有重要意义。研究可以通过明确乡村振兴战略的目标和需求，并将其与高校德育的目标和方法相匹配，确保高校培养的人才具备应对和适应乡村振兴挑战和需求的能力。这有助于提升乡村振兴的实效性和可持续性。

2024 年中央一号文件可以概括为"两个确保、三个提升、两个强化"。"两个确保"，就是确保国家粮食安全、确保不发生规模性返贫；"三个提升"，就是提升乡村产业发展水平、提升乡村建设水平、提升乡村治理水平；"两个强化"，就是强化科技和改革双轮驱动、强化农民增收举措。[1] 乡村振兴是一项全社会共同参与的系统工程，需要汇聚社会各界强大的力量，一起协同推进。实施乡村振兴人才支持计划，是有效凝聚社会人才资源的重要举措。近年来，党和国家出台了多项乡村振兴人才政策，科学引导不同领域的人才力量参与到乡村振兴各项工作中，缓解了乡村人才队伍紧缺的问题，但并没有从根本上解决人才"下不去""留不住"的难题。2024年中央一号文件再次强调，实施乡村振兴人才支持计划，加大乡村本土人才培养，有序引导城市各类专业技术人才下乡服务，全面提高农民综合素质，进一步凸显了深入实施乡村振兴人才支持计划的重要性和紧迫性。

2. 提升乡村振兴的实践效果

研究高校德育与乡村振兴人才选用的配合关系，可以为乡村振兴战略的实施注入更多实践智慧。这种研究可以探索高校与乡村振兴实践的衔接方式，为高校学生提供更多参与乡村振兴实践的机会，促进学生对乡村问题的深刻理解，以及提高解决问题的实际能力。研究高校德育与乡村振兴

---

[1] 国新办发布会解读中央一号文件——有力有效推进乡村全面振兴［N］. 经济日报，2024－02－05.

人才选用的协同关系，可以为乡村振兴战略的实施注入更多实践智慧。研究可以探索高校与乡村振兴实践的衔接方式，为高校学生提供更多参与乡村振兴实践的机会，加深和提升他们对乡村问题的深刻理解和解决问题的实际能力。促进乡村振兴，要夯实人才基础，确保各个环节、各个岗位都能有充足的人才支撑，也要不断激发人才队伍的内生动力，着力把人才优势转化为乡村振兴动能。建设一支数量充足、结构合理、素质优良的乡村振兴人才队伍，既要提高思想重视力度，还要实行更加积极、更加开放、更加有效的人才政策，更好地实现聚人、用人、留人，激励各类人才在农村广阔天地施展才华、追逐梦想、实现价值，不断提升乡村振兴的人才底气，真正做到以人才振兴促进乡村振兴。高校德育可以通过课程设置、社会实践项目以及与乡村振兴相关的实习和创新创业机会，培养学生的实践能力，提升乡村振兴的实际效果。

3. 激发大学生乡村振兴的意识和责任感

高校德育的重要任务之一是培养学生的社会责任感和使命感。责任感和使命感是内驱动力。外驱动力相对于内驱动力来说，具有延续性低、半衰期短、责任感无法持续的特点；而内驱力则有参与度高、行动持久、成就感足的特点。比如以奖励或惩罚为主要手段的评价手段，对于青年人才来说，是在运用外驱力，使其满足他人的要求；而了解青年人才的心理需求，理解他们想要什么、想成就什么，鼓励他们大胆尝试、积极实践，培养他们的内驱力，使服务乡村振兴成为他们的自发要求，并在过程中体验到成就感，是比奖惩手段更加有效的手段。

德育与乡村振兴的融合研究可以通过教育和实践活动，激发学生对乡村振兴的意识和责任感。这有助于培养学生的家国情怀和乡村情怀，并使他们主动投身到乡村振兴事业中，为乡村振兴作出贡献。研究高校德育与乡村振兴人才选用的关系，可以从教育和实践活动激发大学生的乡村振兴意识和责任感切入。乡村振兴是新时代"三农"工作的"总抓手"，做好新阶段"三农"工作，更好地促进乡村振兴，尤其需要强化人才支撑，充分发挥出人才在助力乡村振兴中的优势。要看到，在一些地区，人口老龄化、缺人才、留不住人等问题，一定程度上成了制约乡村振兴的因素。要破解这些问题，就要善于在涵养人才沃土上下功夫，着力打造对人才有吸引力的乐土，让广袤乡村成为人才的"孵化园"，让更多的人才能够在这里拔节生长，不断增强人才聚集的主动性，让更多人才从"要我来"向"我要来"转变，在持续有效的汇聚人才中，打造人才新高地，有力破解乡村振兴人才力量不足的问题。这有助于培养学生对乡村振兴事业的理解和关注，并使他们具备参与乡村振兴的积极态度和行动力。高校可以通过多种形式的教育培养学生的家国情怀和乡村情怀，引导他们主动投身到乡村振兴事业中，为乡村振兴作出贡献。

4. 建立乡村振兴人才选拔的科学机制

研究高校德育与乡村振兴人才选用机制，可以促进乡村振兴人才选拔的科学化。通过深入研究和探讨，建立科学的人才选拔机制，比如制定相关标准、建立评估体系和开展选拔培训等，以确保乡村振兴工作能够吸引和选拔到真正具备乡村振兴需求的优秀人才。乡村振兴人才的选拔直接关系到工作实施的效果。研究高校德育与乡村振兴人才选用的时代背景、协同机制，可以提高人才选拔机制的科学性。

实践证明，"土专家""田秀才"、返乡大学生、退伍军人、退休老干部等乡土人才，都是全面推进乡村振兴的重要资源。乡土人才作为人才队伍的重要组成部分，要让他们在乡村振兴一线建功立业，就要在盘活乡土人才资源上下足功夫。首先，要练就一双识人的"慧眼"，善于看到乡土人才的独特优势，把他们身上的"闪光点"挖掘出来、使用起来。其次，要为乡土人才发挥才能营造更好的环境、搭建更多的平台，让乡土人才在乡村振兴一线作出更大的贡献，实现自己的人生价值，在有效调动乡土人才积极性、主动性的过程中，不断充盈人才队伍"蓄水池"，更好地发挥乡土人才在乡村振兴中的主体作用，让他们在乡村振兴大舞台上当好"主角"。这有助于确保乡村振兴工作能够吸引和选拔到真正具备乡村振兴需求的优秀人才，促进工作的高效开展。

研究高校德育与乡村振兴人才选用的意义在于对乡村振兴战略的实施提供理论指导和实践经验，培养适应乡村振兴需求的人才，并推动乡村振兴实践的发展与深化。这种研究的目标不仅是让高校的教育更加符合乡村振兴的要求，实现高等教育服务社会的功能价值，同时也是为乡村振兴事业的持续推进提供人才支撑和智力支持。

二、研究内容与研究目标

（一）高校德育与乡村振兴人才选用的研究内容

1. 专业背景与技能要求

通过分析乡村振兴所需的各个领域的专业背景和技能要求，以确定高校在培养乡村振兴人才方面的课程设置和专业规划。例如，探讨农业技术与管理、农村经济发展、社会工作、环境保护、乡村规划、农村金融等专业领域的知识和技能，以确保培养出具备乡村振兴所需专业背景和实践能力的人才；针对乡村振兴工作中对各个领域人才的需求，分析各个领域的专业背景和技能要求，以确定高校在培养乡村振兴人才方面的课程设置和专业规划。这对于提高乡村振兴工作的质量和效率十分重要；探讨农业技术与管理、农村经济发展、社会工作、环境保护、乡村规划、农村金融等专业领域的知识和技能，以确保培养出符合乡村振兴需求的人才。

2. 德、智、体、美全面素质培养

乡村振兴人才的培养需要关注学生的全面素质发展。探究如何在高校德育过程中注重学生的道德、智力、体育和美育等方面的培养，使他们具备广泛的综合素质和能力，这可能包括道德伦理教育、思想政治教育、综合素质拓展课程和体育艺术活动等方面的研究，以帮助学生形成实践能力

和创新精神，提升其适应乡村振兴的综合能力；乡村振兴人才的培养需要关注学生的全面素质发展，探究如何在高校德育过程中侧重学生的道德、智力、体育和美育等方面的培养，使他们具备广泛的综合素质和能力。这有助于提升学生的适应能力、思考能力、执行能力、团队合作能力等。高校可以通过课程设置和活动设计，培养学生的创新思维和实践能力，进而提升其适应乡村振兴的能力。

3. 乡村振兴领导力与实践能力

乡村振兴需要有专业的领导者和实践者来推动工作的开展。研究可以探讨乡村振兴人才所需的领导力特征、实践经验和能力培养路径，这可能包括领导力的理论研究、乡村振兴实践的案例分析以及实践教育的方法论研究等；探索如何通过教育和实践活动，培养学生的领导力素质和实践能力，使他们能够在乡村振兴工作中表现出足够的胜任力；探讨乡村振兴人才所需的领导力特征、实践经验和能力培养路径，这可能包括领导力的理论研究、乡村振兴实践的案例分析以及实践教育的方法论研究等。高校可以通过实践项目、实习和创新创业等方式，培养学生的实践能力和领导能力，使他们适应乡村振兴工作的需求。

4. 乡村振兴人才选拔机制与评价体系

乡村振兴人才的选拔机制和评价体系，对于确保选拔到适合乡村振兴工作的人才发挥着重要作用，更值得深入探索和研究。探讨相关的人才选拔标准、评估方法和招聘策略，比如对乡村振兴项目的需求分析、人才选拔和评价机制的建立、选拔培训的设计等内容，这将有助于确保乡村振兴工作能够吸引和选拔到真正具备乡村振兴需求的优秀人才，并提高工作效率和质量。实践中，学校可以建立评价体系，以确定学生的乡村振兴志愿和能力，以便更好地选拔和培养人才。

总之，高校德育与乡村振兴人才选用的研究内容包括专业背景和技能要求、全面素质培养、乡村振兴领导力和实践能力、人才选拔机制和评价体系等方面的内容。这些内容有助于确保高校培养出符合乡村振兴需求的人才，推动乡村振兴工作向更高质量、更高效率的方向发展。此外，研究还可以探究乡村振兴与其他领域的扩展和共享机制，寻求国家和地方政府、企业等的支持和参与，形成全社会乡村振兴的整体发展。

高校德育与乡村振兴人才选用的研究对于提升乡村振兴事业的实际效果和推动可持续性具有重要意义。总结起来，高校德育与乡村振兴人才选用的研究内容包括专业背景和技能要求、全面素质培养、乡村振兴领导力和实践能力、人才选拔机制和评价体系等方面。研究需要深入探究乡村振兴的需求和目标，结合高校的实际，研究出符合实际需要的培养方案和策略，以促进乡村振兴事业健康、稳定的发展。

（二）高校德育与乡村振兴人才选用的研究目标

1. 明确人才需求

研究的目标之一是明确乡村振兴工作所需的人才类型和能力素质。通过深入研究乡村振兴的发展需求，包括农业发展、农村经济转型、乡村治理、环境保护等方面，明确高校在德育过程中所要培养的人才的专业背景、技能和素质要求。这个目标意味着深入研究乡村振兴工作的发展需求，包括农业发展、农村经济转型、乡村治理、环境保护等方面。研究可以通过调研和分析，确定乡村振兴工作中所需的人才类型和能力素质。例如，乡村振兴可能需要农业技术专家、农村金融人才、社区发展专业人员等。研究可以帮助高校了解乡村振兴工作的需求，并据此制定相应的课程和培养方案。

2. 完善德育教育体系

高校德育与乡村振兴人才选用研究的目标之一是建立完善的德育教育体系。研究可以探索德育教育的理论与实践，加强与乡村振兴相关的道德教育和价值观培养，为学生提供道德伦理、社会责任和公民意识等方面的教育，提高学生的社会担当和责任意识。这个目标意味着在高校中建立一个健全的德育教育体系，将乡村振兴价值观和道德伦理融入学生的教育过程中。研究可以关注道德教育、社会责任教育、公民意识培养等方面，通过教学活动、社会实践和社区服务等方式，培养学生的社会担当和责任意识，使其具备为乡村振兴作出贡献的意愿和能力。

3. 优化课程设置

研究可以通过分析乡村振兴工作中不同领域的知识和技能需求，优化高校的课程设置和专业规划，确保学生具备乡村振兴所需的专业背景和实践能力。这包括确定专业课程和实践项目，培养学生解决实际问题和创新创业的能力。这个目标意味着通过研究乡村振兴工作中各个领域的知识和技能需求，优化高校的课程设置和专业规划。例如，可以开设与农业技术与管理、农村经济发展、社会工作、环境保护、乡村规划等相关的专业课程，提供与乡村振兴相关的实践项目和实习机会，培养学生在实际工作中解决问题和创新创业的能力。

4. 提高学生综合素质

研究可以探索乡村振兴人才的全面素质要求，包括智能、身体、美育和社会能力等方面。通过提供丰富多样的教育和培训机会，培养学生的领导力、实践能力、创新精神和团队合作能力，以全面提高学生的综合素质。这个目标意味着研究如何提高学生的综合素质，包括智能、身体、美育和社会能力等方面。研究可以探索培养学生领导力、实践能力、创新精神和团队合作能力的方法。高校可以通过组织活动、俱乐部、社团等方式，提供丰富多样的教育和培训机会，培养学生全面发展的能力和素质。

5. 建立选拔和评估机制

研究可以探讨乡村振兴人才的选拔和评估机制，确保选拔到适应乡村振兴需求的优秀人才。在人才选拔和评估过程中，可以借鉴先进的方法和工具，例如面对面访谈、综合评价、实践能力测试、量表评价、无领导小组面试等，以确保选拔出最适合乡村振兴工作的人才。这个目标意味着研究如何建立科学有效的人才选拔和评估机制，以确保选拔到适应乡村振兴需求的优秀人才。通过建立合理的评价体系，可以有效确定学生的乡村振兴志愿和能力，并帮助高校选拔和培养适合乡村振兴工作的人才。

6. 加强跨学科合作

研究可以促进高校内部不同学科之间的合作，以及高校与乡村发展相关机构之间的合作。乡村振兴涉及多个学科领域，如农业、经济、社会学、环境科学等，因此跨学科合作对于培养综合素质较高的乡村振兴人才至关重要。在综合性高校成立学校内部的乡村振兴研究院，在理工类、农业类、师范类、财经类、医学类等单一性质的高校，成立校际的联合研究院，进一步推动学校内部、校际合作，进一步推动自然科学内部、自然科学与哲学社会科学间的深度交叉融合，为新兴交叉学科建设发展提供更多的尝试空间。研究可以研讨如何搭建学科交叉的平台和项目，以促进知识和经验的跨领域交流和合作。

7. 加强实践环节

研究可以强调为学生提供更多乡村实践机会的重要性。学生参与实际乡村振兴项目或实践活动可以充实其实践经验，提高乡村问题解决能力和团队合作能力。大学生深入田间地头、农家庭院、现场宣讲、面对面交流，向村民普及农业政策、深入田间地头一线调研、运用所学知识回乡服务等，都是高校大学生参与乡村社会实践的鲜活案例，也有多个高校组织高校学生利用寒暑假时间，通过自编的视频、动画片和现场宣讲等鲜活形式，把有关乡村振兴的方针、政策带入千家万户。研究可以关注实践环节的组织和管理，确定有效的实践指导和评价体系，确保学生在实践中获得真实、具有挑战性的乡村振兴经验。

8. 建立行业合作与导师制度

党的二十大报告指出，"要扎实推动乡村产业、人才、文化、生态、组织振兴"①。五大振兴中，产业振兴是核心，人才振兴是支撑。助力乡村振兴和共同富裕是应有之义、必然之需，其专业人才培养的定位类型与乡村产业发展所需人才类型相适宜，其专业能力在乡村产业融合发展、品牌创建、产品营销、技能培训方面具有不可忽视的作用。研究可以探讨如何建立高校与乡村振兴行业之间的合作机制。通过与乡村振兴行业合作，高校可以了解这些行业的实际需求，提供行业导师资源，帮助学生更好地理解行业发展方向和个人未来的职业前景。在导师制度方面，研究可以探讨如何建立完善的导师指导体系，让导师在学生乡村振兴学习过程中起到指导、激励和监督作用。

9. 倡导参与乡村振兴的意识

研究可以探索在乡村振兴人才选用中如何培养学生参与乡村振兴的意识。当今的大学生长期在学校学习"有字之书"，缺乏在基层实践锻炼的机会，缺少与基层群众的联系，再加上成长在经济社会快速发展、物质生活日益丰裕的年代，与祖辈或者父辈相比，被动吃苦的机会和可能性大大减少。习近平总书记曾寄语青年大学生，要厚植爱农情怀练就兴农本领，要发挥青年"自找苦吃"的精气神，在乡村振兴的大舞台上建功立业。② 这可以通过开展乡村振兴主题教育活动、组织乡村参访、举办乡村振兴竞赛等方式实现。研究可以研讨如何激发学生的创新思维和主动性，增强他们对乡村振兴的认知和理解，激发他们对乡村振兴事业的热情和动力。

---

① 习近平. 高举中国特色社会主义伟大旗帜为全面建设社会主义现代化国家而团结奋斗——在中国共产党第二十次全国代表大会上的报告（2022 年 10 月 16 日）［EB/OL］. https：//www. 12371. cn/2022/10/25/ARTI1666705047474465. shtml.
② 习近平给中国农业大学科技小院的学生回信强调：厚植爱农情怀练就兴农本领 在乡村振兴的大舞台上建功立业［N］. 人民日报，2023 – 05 – 04.

10. 推广经验和成果分享

研究可以促进高校与乡村振兴相关的优秀案例和成果的分享及推广。通过建立乡村振兴人才培养的案例库、举办研讨会、发表研究成果等方式，将成功的实践经验与知识传播给更多有关方面，供决策者和社会各界参考，进一步推动乡村振兴事业的发展。

总的来说，高校德育与乡村振兴人才选用的研究目标是明确人才需求、完善德育教育体系、优化课程设置、提高学生综合素质及建立选拔和评估机制，以推动高校培养出符合乡村振兴需求的人才，为乡村振兴事业作出贡献。

三、研究思路与研究方法

在明确高校德育与乡村振兴人才选用的研究目标的基础上，研究思路逐渐清晰起来，研究方法也被纳入研究体系。

（一）研究思路

1. 明确研究问题

首先，要明确研究问题。可以从几个角度进行思考：高校德育在乡村振兴中的角色、乡村振兴中人才需求与高校德育教育的联系、如何提高高校德育教育的针对性和实效性等。基于研究问题，可以制定研究假设或提出研究问题。

2. 展开文献综述

在选择研究问题之后，进行广泛的文献综述对研究方向和目标进行梳理。针对乡村振兴和高校德育两个领域的相关文献进行搜集、筛选和归纳，分析乡村振兴和高校德育教育的现状、发展趋势和问题，并探讨相关研究所要解决的关键问题。

3. 设计研究框架和方法

在研究目标和文献综述基础上，构建研究框架，包括研究的基本理论、研究方法、数据来源和数据处理等。研究方法可以采用问卷调查、访谈、焦点小组、案例研究等。另外，需要考虑研究样本的选择和合理性，针对乡村振兴和高校德育涉及的不同分支领域进行样本抽取。

4. 开展实证研究

在制定好研究方法之后，根据研究问题和研究框架展开实证研究，收集和整理数据，以实证结果为支撑检验研究假设或解答研究问题。在实证过程中，需要注意数据的有效性和论证的严密性，确保得出具有说服力的研究结论。

5. 总结和归纳结论

在实证研究完成之后，需要对结果进行总结、分类和归纳，在研究结论中阐述所得出研究结果和发现的意义。针对发现的问题或研究需求，提出具有可操作性的建议和对策，以指导高校的实际行动和实践。

总之，高校德育与乡村振兴人才选用的研究思路需要围绕研究问题、文献综述、研究框架和方法、实证研究以及总结和归纳结论这五个方面展开工作，循序渐进，系统性探索乡村振兴与高校德育之间的联系和潜在影响，帮助高校为乡村振兴事业作出更大的贡献。

（二）研究方法

在开展高校德育与乡村振兴人才选用的关系研究时，可以采用以下研究方法。

1. 文献研究

对乡村振兴和高校德育教育的相关文献进行综合和分析。通过文献研究，可以了解前人的研究成果、研究方法以及发现的问题和趋势，在此基础上制定研究框架和方法。

2. 问卷调查

设计结构化的问卷，调查高校学生对德育教育与乡村振兴的认知、态度和参与程度等方面的情况。通过统计分析问卷数据，可以了解学生对德育与乡村振兴关系的认知和期望，从而为高校提供指导德育教育的建议。

3. 多形态访谈

选择一些来自不同学院、具有乡村经验或乡村振兴意向的学生，采用结构化、半结构化、无结构化等多种形态进行深入访谈。通过访谈可以了解学生对德育教育与乡村振兴之间关系的理解、学习与实践的体验和感受等。访谈可以为深入了解学生需求、期望和态度提供翔实的个人经历和故事。

4. 焦点小组讨论

组织一些乡村振兴相关课程的学生，以小组形式进行讨论。通过探讨乡村振兴的现状、学生的参与经验和建议，可以发现问题，分析学生对乡村振兴的认知和态度以及德育如何影响乡村振兴人才培养。

5. 案例研究

选择几个成功的乡村振兴案例，深入分析其背后的高校德育教育的参与方式和作用。通过对案例的研究，可以从实践经验中发现高校德育教育与乡村振兴之间的关联和影响，了解如何培养乡村振兴人才的成功经验和模式。

6. 实地调研

选择一些乡村振兴的领域或项目，进行实地调研。通过实地调研，了解高校学生参与乡村振兴项目的情况，观察他们在乡村中的角色和作用。实地调研可以通过观察、访谈和参与其中，深入了解高校德育与乡村振兴人才培养的实际情况。

以上方法结合使用深入了解高校德育与乡村振兴人才选用的关系，并为高校提供相关政策和实践的建议。

四、高校德育与乡村振兴人才选用机制的研究现状

（一）高校德育研究现状

德育是指通过一系列教育活动，培养学生的道德品质、社会责任感、公民意识等，旨在为社会培养合格的人才。

高校德育教育研究开展较早，可参考文献也较多，这里不作过多梳理，只就典型的几个方向——德育内容研究、德育评价研究和德育实效稍做介绍。

1. 德育内容研究

何凡认为，我国高校德育内容研究大致可分为理想信念教育、诚信教育、民族精神教育等内容[1]；高文苗提出，在多元文化语境下，应该就艺术类大学生理想信念教育的基本内涵、特征、类型及机制等方面予以梳理，并就存在的问题提出相应的解决措施[2]。

2. 德育评价研究

张典兵将自改革开放以来我国高校德育评价研究分为三个阶段：1978～1990 年的初探阶段、1991～2000 年的科学化阶段，以及 2001～2020 年的多元化阶段。他认为第一阶段德育评价研究取得的研究成果不多，理论概括层次不高，体系尚未得到全面构建；第二阶段德育评价研究则更加全面

---

① 何凡. 近年来我国高校德育内容研究综述［J］. 价值工程，2010（23）.
② 高文苗. 多元文化语境下艺术类大学生理想信念教育的载体研究［J］. 教师教育学报，2012（04）.

和深入；第三阶段德育评价研究则走向多元。①

3. 德育实效研究

在高校德育协同育人研究方面，庄梅兰等提出，当前主要存在协同育人的认识不足、机制欠缺、方法不活等现实壁垒。推动高校思政实践协同育人工作，要树立"德育共同体"理念，通过共同目标的引领、共建机制的保障、共享资源的促进，建立健全协同育人的合作交流机制，实现多元育人主体之间的融合共进。②

（二）乡村振兴人才培养和选拔研究现状

在乡村振兴人才培养的研究方面，分为早期阶段的理论研究、实践过程的经验总结，以及针对特定培养目标的措施研究。

1. 早期阶段的理论研究

叶兴庆提出，重视乡村的人力资本要多措并举，破除乡村人力资本"瓶颈"，调整乡村人口结构，培育职业农民③；他提出，让乡村能够留住和吸引一批年轻人，以增强乡村生机与活力④；刘彦随提出，乡村振兴离不开新型主体与生力军，激励精英人才到乡村创业，强化现代乡村振兴主体性、全局性、创新性，以"三业"（产业、就业、学业）激发乡村振兴的综合支撑保障体系⑤；黄祖辉提出，社会参与是实现乡村振兴的关键力量，建立大学生到乡村就业和志愿服务的激励机制并出台相关政策，为返乡创业人员、新乡贤和志愿者提供对接平台⑥。

---

① 张典兵. 新时代高校思想政治教育的理解转向［J］. 教育评论，2021（10）.
② 庄梅兰，陈飞. 德育共同体视域下高校思政实践协同育人研究［J］. 湖北理工学院学报（人文社会科学版），2024（02）.
③ 叶兴庆. 大国小农：现代化新征程的"三农"问题与战略抉择［M］. 杭州：浙江大学出版社，2021：11－12.
④ 叶兴庆. 建立鼓励各类人才入乡留乡的政策体系［J］. 农村工作通讯，2021（23）.
⑤ 刘彦随. 城市与乡村应融合互补　加速建设"人的新农村"［J］. 农村·农业·农民，2017（11A）.
⑥ 黄祖辉. 准确把握中国乡村振兴战略［J］. 中国农村经济，2018（04）.

2. 实践过程的经验总结

田妹华以江苏常熟等四县为调查样本，提取其典型做法，即定向委培、分层分类、项目支撑、党建引领等，提炼出乡村人才培养模式的关键构成维度与构成要素框架。通过实地调研，总结苏州市乡村振兴人才培养实践成效，并从地方政府、涉农职业院校2个角度出发，提出强化顶层设计、坚持党管人才、以系统视角升级培养目标、以系统思维夯实育人过程、以主体协同保障育人生态等对策。① 翁国瑞提出，要将"三农"情怀植根于教学过程，引导青年学子投身乡村振兴。要加强师生对乡村文化的了解和认识，培养爱乡爱农的情怀。② 肖华等从平衡高校和企业长远建设目标与短期效益的关系出发，对现有经典合作模式进行挖掘研究，总结产学研合作成功经验，并从高校协助区域乡村振兴发展的角度提出了明确新时代背景下高校的职责定位、加强校企合作前期战略布局、打造优秀示范性教研队伍、校企共同优化合作项目的绩效评价机制等对策。③ 姜家生等以安徽农业大学为研究样本，探讨了共建"四位一体"思政育人平台，推进人才链、产业链、创新链"三链协同"，构建纵横"双向联动"农科研究生培养大矩阵，推动农科研究生教育的区域性、系统性、综合性改革，实现农志强、本领强、思维新的新时期农科人才培养目标，形成了农科研究生培养的安徽范式。④

3. 针对特定培养目标的措施

特定专业或培养目标的措施研究，聚焦于特定培养目标，如乡村振兴创业人才培养、产教融合培养模式、电商人才培养等，从政策支持、基地

① 田妹华. 江苏乡村振兴人才培养模式研究——以苏州市为例 [J]. 乡村科技，2023 (13).
② 翁国瑞. 乡村振兴背景下高校人才培养的路径选择 [J]. 中国农业资源与区划，2023 (05).
③ 肖华等. 乡村振兴背景下高校产学研合作策略研究 [J]. 农业科技信息，2024 (03).
④ 姜家生，李建超. 科教产教融合视域下农科研究生培养的安徽范式 [J]. 研究生教育研究，2024，80 (02).

建设、师资队伍建设等方面提出建议。王敬国在厘清一体化创新创业人才培养模式内涵及现实意义的基础上，提出以创新创业课程育人、实践教学、师资队伍、条件保障和评价方式五个环节为着力点，构建一体化创新创业人才培养模式。① 李东基于乡村振兴人才存在的问题，提出了创新乡村振兴人才培养模式，明确乡村振兴人才培养方向，实现产教融合"双主体"培养模式的意见。② 李松有认为依托特色学科和专业优势，整合专家团队资源，孵化产学研基地等基础条件，建立乡村振兴中心实地教学基地，聚力打造集学术研究、政策咨询、人才培养、社会服务于一体的教研相长机构，对贯彻党中央发展新文科战略思想、搭建服务地方发展重要平台和加强高校学科建设具有重要意义。为了进一步发挥智库对政治学专业建设的促进作用，需要加强多方合作，培养专业化研究团队，开展项目研究，突出专业品牌特点，增加学术产出成果，提供学术交流平台，强化平台服务功能，扩大学科影响力。③ 宫曼露深入剖析了当前乡村振兴人才在培训、示范、机制作用下的培养成效，针对现存的政策需求差异、联系服务不足、跟踪交流欠缺等问题，从问题导向、优化服务、成果转化三方面提出了乡村振兴人才培养的优化路径。④

（三）高校德育与乡村振兴人才选用机制研究现状

在笔者有限的阅读中，针对高校德育与乡村振兴人才选拔机制的确切研究还较为有限。比较切近的有耕读教育问题研究、劳动教育研究、乡村研学旅行研究等。因为乡村研学旅行的研究对象主要是中小学生，所以对此方向的研究现状我们不做梳理。

---

① 王敬国. 乡村振兴视域下创新创业人才培养模式探究［J］. 中国高等教育研究，2022（10）.
② 李东. 乡村振兴视域下乡村人才供需的失衡与破解［J］. 安徽农业科学，2024（07）.
③ 李松有. 基于智库视角下政治学创新型人才培养的实践改革与探索［J］. 大学，2022（04）.
④ 宫曼露. 乡村振兴背景下人才培养的模式成效、问题表征及路径研究［J］. 南方农机，2024（04）.

1. 耕读教育问题研究

关于耕读教育问题的研究，主要集中在耕读教育的源起、耕读教育的现状、耕读教育与劳动教育的关系三个方面。其中耕读教育的源起方面，主要聚焦于耕读教育在历史上的演进过程、思想流变、模式变化等，孙乾晶[①]、刘亚玲[②]、赵霞[③]等较好地对耕读教育的历史演进进行了文献研究；在耕读教育的思想流变方面，王胜军[④]、崔海亮[⑤]等对此进行了研究；在耕读教育的模式变化方面，梁媛[⑥]、李存山[⑦]等对此方向进行了探讨。

耕读教育的现状研究较多地集中在时代价值、价值观教育、应用价值等方面。刘朝晖[⑧]、彭兆荣[⑨]、徐阔[⑩]等对于耕读教育的时代价值方向着墨颇多；在耕读教育的价值观教育方面，周维维[⑪]、吕叙杰和刘广乐[⑫]有较深见解；在耕读教育的应用价值方面，王笑、江明辉的研究有较大参考价值[⑬]。

耕读教育与劳动教育的关系研究，集中在耕读教育中的劳动价值、耕读教育与劳动教育的比较、在耕读教育中进行劳动教育实践的研究等。彭

---

① 孙乾晶．耕读教育与耕读文化考析［J］．艺术科技，2012（03）．

② 刘亚玲．耕读文化的前世今生与现代性转化［J］．图书馆，2021（04）．

③ 赵霞，杨筱柏．农耕文化的身份变迁与现代发展——基于乡村振兴战略实施视角的分析［J］．河北经贸大学学报，2022（03）．

④ 王胜军．清初民间理学：以孙奇逢与张履祥为对象的考察［J］．中州学刊，2012，188（02）．

⑤ 崔海亮，白梦姣．中国传统文化中的劳动教育及其当代价值［J］．教育与教学研究，2021（04）．

⑥ 梁媛．文化传承视野下的新耕读教育模式论［J］．重庆社会科学，2017（08）．

⑦ 李存山．中华民族的耕读传统及其现代意义［J］．中国社会科学院研究生院学报，2017（01）．

⑧ 刘朝晖．"耕读"分家：理解村落社会变迁的新视角［J］．广西民族大学学报，2016（06）．

⑨ 彭兆荣．论农耕文化遗产之田地景观［J］．南京农业大学学报，2019（01）．

⑩ 徐阔．助力乡村振兴的耕读教育：内涵理解、价值探讨及路径构想［J］．内蒙古农业大学学报，2022（01）．

⑪ 周维维．涉农高校加强耕读教育涵养"三农"情怀的实施路径研究［J］．高等农业教育，2021，329（10）．

⑫ 吕叙杰，刘广乐．论耕读文化的价值意蕴及启示［J］．学校党建与思想教育，2022，675（12）．

⑬ 王笑，江明辉．农类院校耕读教育的育人内核——基于马克思主义劳动观［J］．农村·农业·农民，2022（4B）．

兆荣①、陈珊珊等②对于耕读教育中的劳动价值进行了研究；秦玮苡③、陈弘等④等对于耕读教育与劳动教育的比较进行了研究；而许晓辉⑤、林万龙⑥等对于在耕读教育中进行劳动教育实践进行了探索。

2. 劳动教育研究

相较于耕读教育，按照江淑玲、和祯的梳理，劳动教育研究开展得要早，早在 1953 年，我国国内已有对劳动教育的研究。但直到 1978 年，这种强调劳动教育目标"政治"属性的研究，呈现的只是散发状态。1978 ~ 2017 年，劳动教育则更强调"技术"属性。以 2018 年为分界点，劳动教育研究呈现爆发状态，强调的是劳动的"育人"属性。⑦

近几年的劳动教育研究主要集中在四个方面，即大中小学劳动教育的一体化建设、劳动教育的价值定位、劳动教育的培养目标、劳动教育的实践路径。

彭鸽、崔平认为，大中小学劳动教育的一体化研究，是由大中小学等不同层次的子系统有序排列构成的有机整体⑧；李珂认为劳动教育是"立德树人"的底层逻辑⑨；梁大伟认为，劳动教育在"五育并举""五育融合""三全育人"中分别起着渠道和载体的作用⑩；在劳动教育实践层面，

---

① 彭兆荣. 论农耕文化遗产之田地景观 [J]. 南京农业大学学报, 2019 (01).
② 陈珊珊. 中华传统哲学中的劳动思想智慧及其教育传承 [J]. 教育学术导刊, 2021 (12).
③ 秦玮苡. 乡村学校传承耕读文化的现实困境与发展路径探究 [J]. 文化创新比较研究, 2021 (14).
④ 陈弘. 以融合和协同为创新点　强化党建在大学教育中的引领作用 [J]. 中国农业教育, 2021 (02).
⑤ 许晓辉. 涉农高校耕读教育的现实意蕴及路径探究 [J]. 高等农业教育, 2021, 329 (10).
⑥ 林万龙, 等. 涉农高校耕读教育特色育人模式构建与实践研究 [J]. 高等农业教育, 2021, 328 (08).
⑦ 江淑玲, 和祯. 我国劳动教育研究的分布特征、研究热点和知识基础 [J]. 劳动教育评论, 2023 (12).
⑧ 彭鸽, 崔平. 新时代背景下劳动教育及其实施路径的整体性研究 [J]. 教育文化论坛, 2022 (04).
⑨ 李珂. 00 后大学生的劳动观培育研究——以长江大学为例 [D]. 武汉: 长江大学, 2023.
⑩ 梁大伟, 茹亚辉. 新时代加强劳动教育的根本遵循、目标导向与价值旨归 [J]. 现代教育管理, 2022 (06).

杨明全认为，协同教育与专门教育相结合是主要的实践路径，劳动教育应打破学科壁垒，与其他学科有机融合①。

从以上文献梳理可以看出，国内学者对于高校德育的研究有之，对于乡村振兴的研究有之，对于耕读教育和劳动教育的研究有之，但在高校德育服务于乡村振兴领域的研究尚属于空白，这也是我们对此命题进行深入探索的动力所在。

---

① 杨明全. 我国课程改革语境下的跨学科：教育意蕴与实践样态［J］. 北京教育学院学报，2024，38（02）.

第二章

高校德育与乡村振兴人才
选用协同机制的理论研究

正因为乡村振兴战略是一个宏大的时代命题，人才对于乡村振兴又起着至关重要的作用，在开始高校德育与乡村振兴人才选拔机制前，有必要对与之相关的理论做一个梳理。

一、相关概念

在研究高校德育与乡村振兴人才选用的关系时，有一些相关概念需要加以理解和定义。以下是其中一些重要的概念。

（一）高校德育

本书认为，高校德育是指教育对象为大学生的思想道德教育，目的是针对大学生的道德品质、社会责任感和社会主义核心价值观开展培养，以培养大学生全面发展、具有社会责任感和担当精神的人才为目标。大学阶段是教育对象从学生向社会人过渡的阶段，也是其人生观、价值观、世界观还未成型，尚有一定可塑性的阶段。高校德育内容包括理想信念教育、社会主义核心价值观教育、中华优秀传统文化教育、生态文明教育、心理健康教育等。高校德育教育的形式包括课程教育、活动教育和管理教育等，在高校德育教育中，学生通过参加多种多样的活动和课程来建立自己的价值观，形成合理的人生观和价值观，以适应社会发展的需要。

教育兴则国家兴，教育强则国家强。习近平总书记在中共中央政治局第五次集体学习时强调，"以立德树人为根本任务，以为党育人、为国育才为根本目标，以服务中华民族伟大复兴为重要使命"[①]，"培养什么人、怎样培养人、为谁培养人是教育的根本问题，也是建设教育强国的核心课题"[②]。习近平总书记围绕立德树人作出的重要指示和党中央围绕立德树人作出的战略部署，回答了事关高校教育改革的战略性、全局性和根本性问题，形成了高校立德树人实践创新的逻辑主线。

（二）乡村振兴

乡村振兴是习近平同志于 2017 年 10 月 18 日在党的十九大报告中提出的发展战略。党的十九大报告指出，农业、农村、农民问题是关系国计民生的根本性问题，必须始终把解决好"三农"问题作为全党工作的重中之重，实施乡村振兴战略。

研究认为，乡村振兴是指通过综合性改革和发展措施，促进农村经济、社会和文化的全面发展，提高农民生活水平，解决乡村发展不平衡、不充分的问题。同时进一步推动乡村和城市环境的共同发展，提高农民的生活水平和乡村发展的平衡性。乡村振兴施策方向主要是产业兴旺、生态宜居和乡风文明建设。乡村振兴的目标是实现农村现代化，包括农业现代化、农村产业发展、农村生态环境保护和农民增收等方面。

乡村是具有自然、社会、经济特征的地域综合体，兼具生产、生活、生态、文化等多重功能，与城镇互促互进、共生共存，共同构成人类活动的重要空间。乡村兴则国家兴，乡村衰则国家衰，我国人民日益增长的美

---

① 加快建设教育强国　为中华民族伟大复兴提供有力支撑［N］. 光明日报，2023 - 05 - 30 (01).
② 杨礼银. 加强思政课建设是解决教育根本问题关键途径［N］. 光明日报，2023 - 06 - 14 (02).

好生活需要，和不平衡不充分的发展之间的矛盾，在乡村表现尤为突出。之所以说我国仍处于并将长期处于社会主义初级阶段，根本的原因是乡村的发展跟不上时代的要求。全面建设社会主义现代化强国，最艰巨、最繁重的任务在农村，最广泛、最深厚的基础在农村，最大的潜力和后劲也在农村。实施乡村振兴战略，是解决新时代我国社会主要矛盾、实现"两个一百年"奋斗目标和中华民族伟大复兴中国梦的必然要求，具有重大现实意义和深远历史意义。

乡村振兴与高校德育有着高度的契合点。高校德育承担着"立德树人"的根本任务，在培养什么人、为谁培养人、怎样培养人方面，有着天然的责任。因此，高校也需要充分理解乡村振兴的意义、重要性和内涵，聚集高校的科技力和科研成果，给乡村发展提供更多有益成果。

（三）人才选用

人才选用是指针对一定条件和要求的岗位或机构，根据其需求和目标，通过一系列的选拔和评估程序，选出最适合的人才担任相应职务或承担相应任务。人才选用在实现组织目标方面发挥着至关重要的作用，一流的人才在合适的岗位上，不仅能够快速适应新环境并提高组织效率，还能为组织带来前所未有的创新和竞争优势，优秀的人才就是向组织注入的新鲜血液，能够促进组织的发展壮大。合适的人才选拔机制还能够激励和带动员工，形成良性人才示范效应。

乡村振兴的人才选用也是如此。在高校德育与乡村振兴人才选用研究中，人才选用关注如何通过德育教育和其他评估手段筛选出适合参与乡村振兴的人才。针对乡村振兴的需求，通过德育教育和其他评估手段来筛选符合条件的人才，以推动乡村振兴和高校德育教育的共同发展。因此，人才选拔对于乡村组织的长期发展和乡村振兴目标的实现具有深远的影响。为了有效地实现组织目标，人才培养需要有相应的策略和方法。

首先，组织需要建立完善的培养体系，包括内部培训、外部培训以及在岗培训等多种形式，以满足不同员工的需求；其次，个性化培养也是重要的一环，通过了解员工的特长和发展需求，有针对性地为其量身定制培养计划，使其能够在发展中获得更多支持和鼓励；再次，导师制度的建立也是一项有效的策略，通过与具有丰富经验和知识的导师进行对接和交流，员工能够更好地成长和进步；最后，现代化的培训手段，如在线学习平台和虚拟仿真实训等，也为人才培养质量提升提供了更多样化的选择。综合运用这些策略和方法，组织可以更好地实现目标并保持整体竞争力。

（四）综合素质

综合素质是指一个人全面的能力和素养，是一个人在知识、能力、态度和价值观等多方面的表现，是衡量一个人综合能力的指标，应该是全方位的、综合性的、个性化的、多元化的能力和经验。综合素质中的思想道德，是大学生在践行爱党爱国、理想信念、诚实守信、仁爱友爱、责任义务、纪律守法等社会主义核心价值观方面的内在情感与外在表现；学业成绩，主要是大学生的知识技能、学习能力、学业情绪，重点在于记录学生必修课和选修课的学习表现和学习成绩，以及研究性学习的表现和成绩等；身心健康，是指学生生理方面的健康生活方式、体育锻炼习惯、身体机能、运动技能，以及心理层面的自我调节能力、应对困难和挫折等心理健康状况等；艺术素养，是指学生审美情趣的培养和人文素质的培养、学生在艺术和人文方面的兴趣和特长，以及参与艺术活动的过程和成就，特别是他们在传承传统文化方面的表现。

（五）社会实践

大学生社会实践是在校大学生利用课余时间进入社会，与社会进行接触，提高个人能力，增进社会认知，发挥自己的聪明才智了解社会、服务社会、贡献社会。将理论知识运用于实践，用实践检验理论，并将理论升华到更高层次，是每个大学生的必修课，是学生在社会生活中的实际操作和体验，比如大学生参与技术课程实习、游学、社会课堂实习基地、大学科研院所、博物馆、科技馆、企业、社区等社会场所的内容、次数、持续时间和收获。

在高校德育与乡村振兴人才选用中，高校学生社会实践可以让学生们走出"象牙塔"，接触真实的社会。在实践活动中，他们与社会各个层面的人群接触，了解不同职业、不同文化背景的群体，拓宽自己的视野。通过与社会的互动和交流，学生们可以更加深刻地认识社会，增加对社会问题的洞察力，积累宝贵的社会经验。大学生参加社会实践活动的实际意义在于，让学生能有机会走出校门，走进乡村、走到生产一线，了解成人世界和职场的真实模样，从而使他们心目中对于社会的想象贴近现实，也能让他们真正了解自己所学专业在国家整体发展中的情况、未来要进入行业的现状，也可以帮助他们了解所学专业未来的发展方向和前景。

社会实践可以让大学生融入社会、感受社会，感知祖国发展对人才的需要，切身体验到自己未来的努力方向，知道怎样通过服务社会来提升和实现个人价值，增强自己的社会责任感和使命感。

（六）跨学科合作

"跨学科"一词在英文中意为"interdisciplinary"，与"交叉（学科）"是同一个单词，因此我们也可以将"跨学科"称作"交叉学科"。跨学科的概念最早出现在西方的文献中，指的是打破传统的学科界限，进行涉及两门或两门以上学科的教学或科研活动，既包含自然科学、人文科学、社会科学等各学科领域内部的研究或教学内容交叉，又包含以上三种学科之间的研究内容或教学内容的相互交叉。

跨学科教育，是指将学科之间的相互交叉作为理论依据，以解决综合性质的各类问题作为现实目标，进行具有应用问题定向性质和理论研究纵深性质的多学科教育。这种以学科群为教学单位的跨学科教学和科研活动，对培养具有创新精神和多元思维的新型人才具有重要的意义。

跨学科合作指的是在不同学科或领域之间，开展合作与协调，通过相互交流、融合和借鉴，推动学科交叉和科学发展。针对高校德育与乡村振兴人才选用的研究，跨学科合作可以促进学科交叉和整合，有效加强人才综合素质的培养，为高校参与乡村振兴工作带来更多的思路和助力。

在高校德育与乡村振兴人才选用的研究中，跨学科合作强调不同学科之间的相互影响、相互补充，旨在促进知识交流、创新和综合素质的培养。学术合作之所以可以提高工作效率，其原因除了合作者之间意气相投、取长补短外，还在于合作中的竞争激发了个体间的学术竞争。跨学科合作的优势在于打破原有的边界，用跨学科的原理结合原学科的要素创新。

（七）协同机制

协同机制作为一个管理学概念，强调在完成任务和目标的过程中，相关各方需要进行有效的协作和沟通，构建目标一致、分工合作、积极协调、及时反馈的渠道。协同机制具有提高效率、降低成本、提高质量、促进创新的优势。具体到乡村振兴这个时代命题，需要高校、地方政府、乡村等相关各方搭建培养—输送—选用青年人才的平台，需要相关各方发挥各自的优势、整合存量资源，共同完成目标，需要相关各方建立有效的沟通机制和冲突解决机制，及时解决存在的问题，消除阻碍目标实现的障碍；需要相关各方，尤其是地方政府和使用青年人才的乡村及时反馈工作进展和人才的思想动态，由高校根据实际情况进行人才培养的调整和优化。

以上概念介绍有助于理解高校德育与乡村振兴人才选用的相关内容，并为深入研究提供了重要的概念框架。这些概念各自具有一定的理论意义和实践应用，会在接下来高校德育与乡村振兴人才培养的研究过程中充分理解和择机应用。

二、高校德育与乡村振兴人才选用协同机制的建设理念与理论基础

高校德育与乡村振兴人才选用协同机制的建设，需要有基本的建设理念，也需要有相关的理论基础。

（一）基本建设理念

1. 社会主义核心价值观

社会主义核心价值观是社会主义核心价值体系的内核，体现社会主义核心价值体系的根本性质和基本特征，反映社会主义核心价值体系的丰富内涵和实践要求，是社会主义核心价值体系的高度凝练和集中表达。党的十八大以来，中央高度重视培育和践行社会主义核心价值观。习近平总书记多次作出重要论述、提出明确要求。

习近平鼓励青年人才坚持社会主义核心价值观，拥有为国家和民族振兴不懈奋斗的信念。2013 年 7 月 17 日，习近平总书记到中国科学院考察工作时说，"我们处于一个伟大的时代，有着伟大的目标，可谓生逢其时、责任重大。希望同学们珍惜宝贵的青春年华，坚持理想，脚踏实地，既勤于学习、善于学习，打牢知识功底、积蓄前进能量，又勇于探索、勇于突破，不断认识科技世界新领地，立志报效祖国、服务人民"[1]。2014 年 5 月 4 日，习近平总书记在北京大学考察时说："有信念、有梦想、有奋斗、有奉献的人生，才是有意义的人生。当代青年建功立业的舞台空前广阔、梦想成真的前景空前光明，希望大家努力在实现中国梦的伟大实践中创造自己的精彩人生。"[2] 2019 年 4 月 30 日，习近平总书记在纪念五四运动 100 周年大会上强调，"新时代青年要树立远大理想。青年的理想信念关乎国家未来。青年理想远大、信念坚定，是一个国家、一个民族无坚不摧的前进动力"[3]。

中央政治局围绕培育和弘扬社会主义核心价值观、弘扬中华传统美德

---

① 禹跃昆，苏令. 扎根中国　争创世界一流——重温党的十八大以来习近平总书记考察高校的讲话［N］. 中国教育报，2017 – 10 – 04.

② 习近平：青年要自觉践行社会主义核心价值观——在北京大学师生座谈会上的讲话［EB/OL］. 新华网，http://www.xinhuanet.com//politics/2014 – 05/05/c _ 1110528066 _ 3. htm，2014 – 05 – 05.

③ 习近平谈治国理政（第三卷）［M］. 北京：外文出版社，2020：334.

进行集体学习。中共中央办公厅下发的《关于培育和践行社会主义核心价值观的意见》，显示了党中央对践行社会主义核心价值观的高度重视和有力部署，为加强社会主义核心价值观教育实践指明了努力方向，提供了重要遵循。

社会主义核心价值观是当代中国精神的集中体现。高校德育教育旨在培养学生的道德观念、价值观念和社会责任感，是践行社会主义核心价值观要求的重要阵地。同样，乡村振兴要求在农村建设中贯彻社会主义核心价值观。高校德育与乡村振兴人才选用协同机制的理论基础之一就是社会主义核心价值观的引领作用。社会主义核心价值观包括爱国主义、集体主义、社会主义、民主、奋斗、宪法和法制、诚信、友善，以及敬业、创新、协调、绿色、开放、共享这 14 条基本价值导向。高校德育教育需要贯彻落实核心价值观，培养学生的价值观念，而乡村振兴要求在农村发展中贯彻核心价值观。高校德育与乡村振兴人才选用协同机制的基本建设理念之一就是社会主义核心价值观的引领作用。

2. 人才培养与需求对接

高校作为培养人才的重要场所，其德育教育内容之一，应该以乡村振兴的需求为导向，通过协同机制来与乡村振兴的人才选拔对接，培养和选用符合乡村振兴发展需求的合适人才。

乡村振兴需要大量的专业人才来支撑农村产业发展、农村治理、乡村文化建设等方面的工作。高校作为培养人才的重要场所，需要将德育教育转化为乡村振兴需求导向的教育，为乡村振兴培养符合产业、文化、政治等方面需求的专业人才，进而引导高校重点布局社会需求强、就业前景广、人才缺口大的学科专业，及时调整就业率过低、不适应市场需求的学科专业。

高校需要完善就业统计评价机制。开展就业状况跟踪调查，持续跟踪毕业生毕业后 5 年内的发展轨迹，通过就业状况跟踪调查，发现人才培养过程中的深层次问题，充分发挥就业大数据对动态调整学科专业设置、招生计划安排、人才培养方案的导向作用。

高校需要强化供需对接就业育人。要深化产教融合、校企合作，建立产教融合育人机制，培养更多实用型、复合型和紧缺型人才，从而更好地顺应国家和社会发展需要。比如，按照当前的就业形势分析，理、工、农、医类高校和专业需要大力发展，而师范类高校和专业需要适度发展；文史财经类招生规模则应持续压缩。在这一基础上，通过采用测评、实践、对接等方式，将高校德育教育和乡村振兴人才选拔紧密对接，实现人才培育与需求的协同。

3. 综合素质与能力培养

高校德育教育强调学生的"全人培养"，乡村振兴需要具备综合素质和实践能力的人才，两者对于学生素质的要求有相同点也有不同点。高校德育与乡村振兴人才选用协同机制的基本建设理念之一，就是通过德育教育培养学生的专业能力、创新思维、团队协作能力等，助其应对乡村发展中的困难和挑战，满足乡村发展对人才的需求。坚持育人为本、德育为先，把"突出德育时代性"摆在构建全面培养体系的首要位置；坚持把立德树人融入思想道德教育、文化知识教育、社会实践教育各环节，进一步完善德育体系。

德育体系的完善需要满足三个要求。

（1）突出思想性。要求深入开展习近平新时代中国特色社会主义思想教育，强化理想信念教育，引导学生树立正确的国家观、历史观、民族观、文化观，切实增强"四个自信"，厚植爱党爱国爱人民的思想情怀。

（2）体现针对性。要求积极培育和践行社会主义核心价值观，深入开展中华优秀传统文化教育，加强学生品德教育，帮助学生养成良好个人品德和社会公德。

（3）增强操作性。要求明确落实举措，要求结合各地各校实际制定德育工作实施方案，突出思想政治课关键地位，充分发挥各学科德育功能，积极开展党团组织活动和主题教育、仪式教育、实践教育等活动。通过具体实践的锻炼，提高学生的实战能力，以此更加适应复杂物理社会环境下的发展需求。

4. 跨学科合作与协同创新

乡村振兴是一个复杂的系统工程，需要跨学科的知识和不同领域的专业人才协同合作。跨学科教育鼓励学生跳出传统学科框架思考问题，培养他们的创新意识和创新能力。

当前，我们面临着严峻而复杂的挑战，跨学科教育将成为培养人才和推动社会进步的重要手段。因此，我们需要加强对跨学科教育的支持和推动，为学生提供更多的跨学科学习机会和资源，使学生能够满足社会对人才的要求。只有这样，我们才能培养出更具综合能力和创新思维的人才。

跨学科研究以问题为导向，采众学科之长，以新方法、新理论促进新研究，以新思维、新模式开辟新领域。创新、求变，为研究复杂多变的现象注入新鲜血液，是跨学科研究的根本价值所在。

南京大学社会学院教授陈云松表示，跨学科研究具有拓展领域、更新范式和服务社会三个层面价值。[①]

（1）衍生新的研究领域。无论是社会科学与人文科学的"内部交叉"，还是与自然科学的"外部交叉"，原有专业领域的研究视野和思维方式，通过交叉获得领域外部学科的启发和触动，从而衍生出新的研究领域。

（2）拓展研究范式。不同学科的研究范式通过交叉前沿领域的融会贯通，实现对原有学科研究范式的系统拓展和提升。

（3）服务国家战略。不同学科各有专长，通过学科交叉融合，甚至借鉴自然科学研究方法、思维模式，能更好、更精准地服务"国之大者"。

高校德育与乡村振兴人才选用协同机制的基本建设理念之一就是通过

---

① 明海英. 跨学科研究拓展广阔创新论域［EB/OL］. 中国社会科学网，2021 - 10 - 22，https：//www. cssn. cn/skgz/bwyc/202208/t20220803_5464848. shtml.

推进跨学科合作，培养具备多学科知识背景和协同创新能力的人才，以匹配乡村振兴的综合需求。乡村振兴需要具备跨学科的专业知识，来自不同领域的专业人才专长互补、协同合作。因此，需要通过跨学科合作和协同创新，建立与乡村振兴部门、企业、社区等方面的联系，协调各个专业领域的资源和经验，促进高校德育教育和乡村振兴人才选拔之间的有效协同，推动专业能力的综合发展和能力素质的全面提高。

5. 实践教育与社会服务

高校德育教育的重要任务之一，是培养学生社会服务意识。乡村振兴需要依靠高校的智力资源和专业能力，培养出能为农村社区提供服务、愿为乡村服务的人才。作为综合实践活动课程倡导的主要活动方式和经验教育形式，"社会服务"以其独特的课程价值和方法特点，成为落实"立德树人"教育根本任务，推进以发展学生素养为核心发展目标的教育改革的重要抓手。

从根本上来说，"社会服务"主要是一个社会学的概念。把它放到综合实践活动课程的框架内单纯作为一个教育学的概念，在内涵、价值诉求和实施形式上就必然带有体现教育性质的内在特点。"社会服务"是一个相对独立的教育概念，即学生在教师的指导下，走出教室，参与社会活动，以自己的劳动满足社会组织或他人的需要，如公益活动、志愿服务、勤工俭学等，它强调学生在满足被服务者需要的过程中，获得自身发展，促进相关知识技能的提升，夯实各方面能力，成长为履职尽责、敢于担当的人。

从这个角度来说，"社会服务"被赋予了更为丰富和完整的内涵，即强调社会服务活动本身的服务意义和学习价值的有机统一。一方面，作为一个教育学概念，它注重活动本身对学生的道德学习价值和知识学习价值；另一方面，它并非只把服务狭义定义为一种手段，而是同样强调服务活动对他人和社会的贡献和意义，即服务本身也是目的。实际上，正是在认真对待这种贡献和意义的过程中，社会服务对学习的价值才更能得到扩展和深化。

高校德育与乡村振兴人才选用协同机制的基本建设理念之一，就是通过将实践教育与社会服务结合起来，促进高校学生参与到乡村振兴实践中，以提升他们的综合素质和培养乡村振兴所需的人才。高校应该与乡村振兴有关部门、企业和社区联系，深化校企合作、校地合作、校社合作，将学生实践与乡村振兴需求结合起来。通过实践项目、实习实训、创新创业等形式，让学生深入乡村一线，了解乡村现状和发展需求，拓宽视野、增强实践能力，同时为乡村振兴提供专业支持与服务。

6. 政策导向与体制机制创新

另一个高校德育与乡村振兴人才选用协同机制的基本建设理念，是政策导向与体制机制创新。推动乡村全面振兴，需要着力营造良好的创新环境。坚持因地制宜、凸显区域特色，整合农村分散资源，推进农村特色创新创业园区、孵化实训基地建设，吸引更多创新资源要素集聚，培育打造农村优势产业集群。为此，要优化服务平台、完善服务清单、细化办事指南、简化办事流程、提升办事效率，通过提供政策法律咨询、培训指导、市场开拓、项目推介等服务，激发农村市场活力和社会创造力。

这就需要加大政策保障和体制机制创新力度，在政策制定上问计于民、聚智成策，加强政策研究、调研、评估，并在一定范围内进行试点，从而增强政策的针对性、有效性、连续性，充分发挥政策的引领、激励作用，更好满足农村创新发展需求。例如，可通过综合运用税收减免、以奖代补等政策工具组合，增加对"三农"领域的资源投入。拓宽农村创新创业融资渠道，设计推广契合乡村产业特点的金融产品，推动金融产品和服务方式创新，满足农业科技研发等重点领域的合理融资需求等。

乡村振兴提高了农村基层治理有效性的需求，而基层治理的能力与治理效果之间存在着直接的联系。如果基层治理的效率高，那么在推进乡村振兴的各方面都将有较为显著的成效。同时，乡村基层治理问题也和生产力及生产关系有着十分重要的关系，对乡村各个产业的发展有着重大的影响，也是决定生产效率的一个关键因素，关系到民心，必须给予足够的重视。要促进乡村振兴，就必须加强农村生产力的发展，从而让乡村的基层治理获得更加坚实的物质基础。

从乡村振兴战略的发展历程来看，农村基层组织占据较为重要的地位，可以有效帮助解决基层矛盾，推动乡村发展。农村的基础工作非常繁杂，涉及政府与投资人、乡镇干部与村民、农民与政府等各种政商关系、干群关系，因此，要想真正发挥农民的积极性和主动性，就必须理顺各种关系，预防化解各种基层矛盾冲突，才能使农民在工作中发挥出更大的作用，从而达到乡村经济可持续健康发展的目的，使农村行业、产业全面发展，切实提高农民的生活质量。农村基层治理要以村民自治为基础、与政府管理相结合，健全基层治理体系，从而提高村民对政府、对基层组织的信心，为基层治理工作提供有力的支持，保证乡村振兴战略的成功实施。

国家在推动乡村振兴战略方面制定了一系列政策，包括扶持政策、鼓励创新政策等，为高校德育和人才选用提供了政策支持。同时，需要通过创新体制机制，打破学科壁垒和行政壁垒，促进高校德育和乡村振兴人才选用之间的有效协同。

7. 价值引领与社会责任感

习近平总书记指出，只有深入了解农村实际情况的人才，才能更好地为乡村振兴贡献力量。习近平总书记在主持中共十九届中央政治局第八次集体学习时指出："乡村振兴包括产业振兴、人才振兴、文化振兴、生态振兴、组织振兴的全面振兴，是'一位五体'总体布局、'四个全面'战略布局在'三农'工作中的体现。"他同时指出，"要健全多元投入保障机制，增加对农业农村基础设施建设投入，加快城乡间双向流动，推动人才、土地、资本等要素在城乡间双向流动"[①]。

习近平总书记在中央人才工作会议上指出："国家发展靠人才，民族

---

① 习近平谈治国理政（第三卷）［M］. 北京：外文出版社，2020：259－261.

振兴靠人才。我们必须增强忧患意识，更加重视人才自主培养，加快建立人才资源竞争优势。"① 习近平总书记强调，培养造就一支懂农业、爱农村、爱农民的"三农"工作队伍。这指明了"懂农业、爱农村、爱农民"是"新农人"的基本内涵。

习近平总书记在共青团十九大后对共青团新一届领导班子成员作集体讲话时强调，党的中心任务是中国青年运动的主题和方向，"共青团作为党的助手和后备军，必须紧紧围绕党的二十大确定的新时代新征程党的中心任务来开展工作，把住方向，奋发有为"。全面推进乡村振兴作为中华民族伟大复兴战略全局的重要环节，是实现党的中心任务的一个重要抓手，需要广大青年挺膺担当。②

价值引领与社会责任感是高校德育与乡村振兴人才选用协同机制研究的另一基本建设理念。青年学生是未来社会发展进步的中流砥柱，是全面实现中华民族伟大复兴的后备力量，大学生的社会责任感直接关系到整个社会的和谐、稳定、繁荣。大学生社会责任感的培养是大学生人文教育及思想政治教育的核心内容之一。青年大学生是未来社会主义的建设者和接班人，培养大学生的社会责任感不仅关系到大学生个人是否能够健康成长成才，而且关系到整个国家的未来和人民的幸福，关系到中华民族的伟大复兴。因此，在面临新的时代条件、承担新的历史任务的情况下，探索大学生社会责任感的内涵及其培养机制，帮助大学生树立强烈的社会责任意识并付诸行动，具有重要的现实意义。

大学生作为一般的社会公民，首先应当承担作为一名普通公民应承担的社会责任。普通公民的社会责任感是个人对在其自身和人类社会发展中所承担的相应社会角色的认识，是指个人通过发挥自己的能力和价值满足个人、他人、社会和国家需要的一种内在精神驱动力和人格素养。社会责任感应包括自我责任感及对他人、社会、国家的责任感两个方面的内容。

---

① 黄锁明. 强化乡村振兴的人才支撑［N］. 光明日报，2022－01－07.
② 吴学凡. 全面推进乡村振兴需要新时代青年挺膺担当［N］. 中国经济时报，2023－09－14.

其中，自我责任感的建立是他人、社会、国家责任感得到建立的基础和保障。一个人如果满足不了自身基本的生存和发展需要，就不可能为他人、社会和国家的生存和发展作出自己的贡献、承担相应的责任。

大学生作为受过系统教育，具有较高综合素质的知识群体，承担社会更高的期待，也受到社会更多的关注，理应比社会上其他普通公民具有更强烈的社会责任感，其社会责任感也应该具有更高的要求和更丰富的内容。

大学生的自我责任感应包括对自我生存和发展的高度责任感，确立明确的奋斗目标和人生追求；增强身体素质，保持心理健康；不断完善人格修养，丰富精神世界；提高自身的道德情操，追求更高的人生境界。对他人、社会的责任感主要包括孝顺父母，尊重长辈；诚实守信，乐于奉献；见义勇为，敢于争先，服务社会等。

大学生对国家和民族的责任感体现在高度关注和深入思考国家的前途、民族的命运，当国家民族遇到危难时能够毫不犹豫挺身而出；主动率先拥护和执行党和国家制订的各项方针、政策，积极投身于社会主义现代化建设，为构建社会主义和谐社会、实现民族的伟大复兴作出应有的贡献。高校德育应该引领学生树立正确的价值观和责任感，强调爱国主义、集体主义和奉献精神等核心价值观，在乡村振兴中承担起应有的社会责任。通过培养学生的社会责任感和乡村意识，推动高校德育与乡村振兴人才选用协同发展。高校需要通过德育课程、社会实践活动和社区参与等方式，引导学生关注乡村发展问题，激发他们的社会责任感，并积极参与到乡村振兴的实践中。

8. 教育理念与改革创新

高校德育与乡村振兴人才选用协同机制的另一项基本建设理念，是教育理念与改革创新。高校创新，也包含育人育才理念的创新，要以"全人教育"的思维来培养学生。在科学技术高速进步的新时代，竞争已经不仅仅存在于人和人之间，也存在于人和机器之间，提升人类的竞争力迫切需要重构和改革高校教育，使素养教育成为高校教育中的必修课，积极建立和提升社会整体的素养。

想在当前社会中取得成功，究竟需要具备哪些素质？这个问题的答案决定了我们当前的教育模式应该做出怎样的调整，也为发展新质生产力提供了探索方向。创新是一项充满了未知与挑战的艰苦的活动，经历无数磨砺与挫折，才有可能看见成功的曙光。高校要促进学生的全面发展，让学生坚定理想信念，在创新的道路上持续探索，实现自我价值，担当家国责任。高校要关注"人"的成长。好的教育要把"学生"放在办学的首位，给予学生更多自由，而非强制要求他们达到某个统一标准；关注学生能力的提升，而非过度关注分数；培养学生的同理心和责任感，而非一味用比较和竞争去衡量人的价值。只有注重培养学生坚韧不拔的意志和健康的身心，才能让他们真正成为有灵魂、有情感、有担当、有温度的精英，真正能够以自己的所思所学为增进人类社会的共同福祉做出努力。

创造开放包容的高校环境与"全人教育"的人才培养模式创新是相互促进、相辅相成的。打造开放包容的高校环境，将会促进"全人教育"的深入发展，不断提升高校培养高水平创新人才的能力。优化人才的培养体系，要在求精求深的专业教育的基础上，为学生提供"结合传统与现代，融会中国与西方"的教育，帮助学生夯实创新思维基础，使学生能够积极主动地融入更为创新与开放的发展环境中。

当前我国正行走在以高质量发展推进中国式现代化的道路上，对大学提出新要求，需要大学创造新高度，以高质量的人才培养支撑国家建设。未来人才的竞争力将更加体现在人文素养、创新创造与社交能力等方面。因此高校应当重视培养学生的独立思辨能力，丰富学生对自然、生活和美的认知，使学生在"学与思"的过程中养成出色的思辨力和想象力，有足够的韧性接受未知的挑战，从而激发出更为积极的创新精神。高校德育教育需要贴近实践、注重创新，以培养学生的实践能力和创新精神。同时，要推进教育改革，不断改进评价制度，确保选用机制能够准确评估学生的综合素质和适应性，更好地满足乡村振兴人才的需求。

综上所述，高校德育与乡村振兴人才选用协同机制的基本建设理念包括社会主义核心价值观、人才培养与需求对接、综合素质与能力培养、跨学科合作与协同创新、实践教育与社会服务、政策导向与体制机制创新、价值引领与社会责任感，以及教育理念与改革创新。这些基本建设理念为高校德育与乡村振兴人才选用协同机制的设计和实施提供了重要的指导，强调了社会主义核心价值观的引领作用、人才培养与需求的对接、综合素质与能力的培养。这些理念对于高校德育与乡村振兴人才选用协同机制的设计和推动具有重要的指导意义。

（二）理论基础

1. 中国传统德治在乡村治理中的作用

党的二十大报告提出："实施公民道德建设工程，弘扬中华传统美德，加强家庭家教家风建设，加强和改进未成年人思想道德建设，推动明大德、守公德、严私德，提高人民道德水准和文明素养。"① 中华传统美德，根植于乡土社会，是中华民族优秀的道德品质、优良的民族精神、崇高的民族气节、高尚的民族情感以及良好的民族习惯的综合，在乡村社会矛盾化解、秩序维护、价值观培育等方面发挥着重要作用。乡村治理是国家治理的基石，也是乡村振兴的重要内容。新时代推进乡村治理，要大力弘扬中华传统美德，充分发挥道德引领作用，维护乡村社会和谐稳定，为乡村全面振兴提供坚强保障。中国传统德治在乡村治理中扮演着重要的角色。传统德治强调的是以道德伦理为基础，通过诚信、责任、奉献等价值观引导人们的行为，从而构建和谐稳定的社会关系。在乡村治理中，传统德治可以通过以下几个方面发挥作用。

---

① 杨其滨. 谱写新时代家庭家教家风建设新篇章［EB/OL］. 光明网，2023 - 03 - 14，https：//theory. gmw. cn/2023 - 03/14/content_36428865. htm.

（1）道德引领和价值观塑造。

传统德治注重培养和弘扬社会主义核心价值观，强调道德的引领作用，培养人们正确的道德观念和价值观。村规民约作为一种传统德治文化资源，宣扬与人为善、修身自重、忠孝节义等思想道德规范，这种思想观念、人文精神、道德规范由家扩展至国、由孝扩展至忠，进而形成具有内在灵魂的道德文化秩序和家国同构的价值追求体系，涵盖了天下兴亡、匹夫有责的担当意识，崇德向善、见贤思齐的社会风尚，礼义廉耻、孝悌忠信的荣辱观念，平衡了国家、社会和个体三个层面的关系和地位，实现了社会主义核心价值观在乡村的价值重塑。

社会主义核心价值观从国家层面、社会层面和个人层面确立了价值目标、价值取向和价值准则，把社会主义核心价值观融入村规民约中，以主流价值观建构道德规范，强化道德认同；以道德实践，引导村民明大德、守公德、严私德，这是有成功案例的。比如云南省临沧市沧源县勐董镇龙乃村，既是我国历史上最年轻的自然村，也是一座生机蓬勃的现代化边境小康村。该村不仅把"约"作为化解乡村沉疴痼疾的"良方"，还把"心向党、心向国家""增强国家意识、公民意识""人人要爱边，户户要护边"等紧密切合社会主义核心价值观的道德规范写入村规民约，使爱党、爱国、爱家的道德实践融入村民的日常生活，以一种规范体现和指引现代化和美乡村的价值追求。① 传统德治理论运用于乡村治理中，通过广泛开展道德教育和宣传活动，可以引导乡村居民树立正确的价值观念，如诚信、责任、互助等，引导人们遵守社会规范，树立正确的人生观、价值观和世界观。

乡规民约在乡村治理中发挥着独特的规范作用。要进一步完善乡规民约，根据不同地区的文化传承、风俗习惯，针对需要破解的难题，细化乡规民约的范围、条文，打造既有历史传承性又符合时代要求的，有鲜明地方特色的道德行为体系，避免只有空泛的规定，要增强针对性、可操作

---

① 毕思能，宋子龙，陈丽芳. 发挥村规民约德治功能　助力现代化和美乡村治理〔EB/OL〕. 中国社会科学网，2022 - 11 - 23，https://www.cssn.cn/glx/glx_gggl/202301/t20230104_5577847.shtml.

性。要建立健全乡规民约监督和奖惩机制，增强乡村群众遵守的自觉性，形成互相监督、共同促进的浓厚氛围，维护乡村和谐稳定。这有助于在乡村社区中形成和谐、稳定的社会关系，提升社区成员的道德水平和文明素质。在乡村治理中，传统德治可以通过广泛开展道德教育和宣传活动，引导乡村居民树立正确的价值观念，增强社会责任感和集体荣誉感，从而建立和谐、稳定的乡村社区。

（2）规范行为和社会秩序。

传统德治倡导的道德伦理观念对于规范人们的行为十分重要。传统德治鼓励人们遵循道德规范和行为准则，注重自我约束和自律。大数据、云技术、人工智能等信息技术几乎全方位进入乡村生活，手握智能手机上网冲浪已经成为普遍现象。要顺应时代发展趋势和乡村生活习惯，主动利用好各种媒体资源，尤其是新媒体平台，讲好身边人的道德故事，大力宣传善行义举，扩大榜样人物的道德影响力和示范力，鼓励广大乡村群众争相学习和践行传统美德。

民间组织是推进农村精神文明建设的重要载体。要依靠村委会组建志愿服务组织，围绕矛盾化解、突发事件处置、文化水平提升、老年人保障等问题，设立民风协会、应急协会、教育协会、帮老协会等，及时回应公众诉求，大力倡导互助友爱等价值观念，不断提高乡村自治水平。

要鼓励民间文艺团体开展丰富多彩、生动活泼、喜闻乐见的乡村文化活动，以文化活动润化民风，在情感共鸣中以润物无声的方式提升乡村群众的精神境界。还可以由各村有道德、有威望、有思想、有能力的村民组成"道德评审团"，针对乡村出现的道德失范现象进行评判，及时曝光存在的不道德问题和行为，营造善行善治的外部环境。在乡村治理中，传统德治通过强调道德自律和行为规范，可以有效预防和减少乡村居民的违法犯罪行为，维护社会秩序和公共利益。乡村居民遵守公平公正、诚实守信的道德规范，有利于建立和维护良好的乡村治安环境，为社区的发展提供有力保障。强调道德自律和行为规范，可以有效防止乡村居民的违法犯罪行为，维护社会秩序和公共利益。

（3）促进社区共建共治。

传统德治鼓励乡村居民积极参与社区建设和治理，形成以共建共治为核心的社区治理模式，倡导乡村居民积极参与社区建设和治理。

乡村社区是社会治理的基本单元。乡村社区治理事关党和国家大政方针贯彻落实，事关居民群众切身利益，事关乡村基层和谐稳定。加快乡村社区公共服务体系建设，健全乡村社区服务机构，编制乡村社区公共服务指导目录，做好与乡村社区居民利益密切相关的劳动就业、社会保障、卫生治理、教育事业、社会服务、住房保障、文化体育、公共安全、公共法律服务、调解仲裁等公共服务事项。

着力增加乡村社区公共服务供给，促进乡村社区服务项目、标准相衔接，逐步实现均等化。完善政府购买服务政策措施，按照有关规定选择承接主体。创新乡村社区公共服务供给方式，推行首问负责、一窗受理、全程代办、服务承诺等制度。提升乡村社区医疗卫生服务能力和水平，更好满足居民群众基本医疗卫生服务需求。

探索建立乡村社区公共空间综合利用机制，合理规划建设文化、体育、商业、物流等自助服务设施。积极开展以生产互助、养老互助、救济互助等为主要形式的农村社区互助活动。鼓励和引导各类市场主体参与社区服务业，支持供销合作社经营服务网点向乡村社区延伸。

传统德治在乡村治理中需要建立以共建共治为核心的社区治理模式，促进乡村居民的参与和协作。通过培养乡村居民的社会责任感和集体荣誉感，形成具有活力的社区组织，促进社区居民之间的和谐互助、协作合作关系。乡村居民参与社区共治，共同讨论和解决社区问题，加强社区居民之间的和谐互助、协作合作关系，促进乡村居民共同讨论和解决社区问题，提升社区的自我管理能力和发展活力。

（4）培育乡村精神文化。

传统德治注重乡土文化和乡风文明的传承与弘扬，关键在于挖掘激活乡村道德文化资源。乡村道德文化是维持乡村发展的宝贵财富。实现乡村善治，挖掘用好道德文化资源十分重要。要立足当下、守正创新，在汲取中华优秀传统文化思想精华的同时，对传统美德资源进行挖掘整理，根据社会发展要求赋予其新的时代内涵和现代化的表达形式，激活其生命活力，唤起人们对道德的自觉追求。

要加大乡村道德文化建设资金和人员投入，积极举办具有地方特色、民族特色的农耕文化、民俗文化活动，加强乡镇综合文化站、村综合文化中心、文体广场等基层文化体育设施建设，不断丰富乡村群众的物质文化生活。乡村治理可以通过传统文化教育和文化活动，培育乡村居民的优良品德、文明礼仪和文化素养，提升乡村精神氛围，通过弘扬传统价值观念和传统文化，让乡村居民树立正确的世界观和人生观，增强社区的凝聚力和归属感，激发乡村居民对乡土文化的热爱和参与，推动乡村文化的繁荣和发展。被央视"点名"的贵州黔东南榕江县的"村 BA"就是一个以体育文化培育乡土精神的生动案例。[1]

尽管传统德治在乡村治理中具有重要意义，但也需要与现代治理理念相结合，适应社会发展的需求。传统德治应与法治相结合，形成德法并重的治理模式，以法律法规作为约束和保障，同时注重伦理道德的引导和规范。通过传统德治的发挥，可以构建出有特色、高效、稳定的乡村治理体系，推动乡村振兴和社会进步。

2. 马克思人的全面发展理论是协同机制的基础

每个人都有全面发展和从事自己喜欢工作的权利，抛开功利主义的价值判断，马克思职业价值理论是协同机制的理论根基。

马克思主义认为，人是社会实践的主体，既被现实社会所塑造，又在推动社会进步中实现自身发展。[2] 建设什么样的社会、实现什么样的目标，人是决定性因素。关于人的发展问题研究，既是一个历史和时代的命题，也是一个马克思主义哲学的根本问题。马克思人的全面发展理论的确可以

---

① 好田好"丰"景！央视聚焦贵州榕江"村超"火在 2023［EB/OL］. 贵州综合广播，2023－12－29，https：//www.gzstv.com/a/31d49c99737c4eb6a10e1da2ff031354.
② 肖伟光. 培养现代文明人格［N］. 中国纪检监察报，2024－04－02.

作为协同机制的基础之一。

马克思主义关注人的全面发展，认为人应当发挥自身潜能，充分展现自己的个性，同时也应该根据社会发展的需要，发挥自己的职能，为社会和人类作出贡献。实现人的全面发展，是马克思主义追求的根本价值目标，也是共产主义社会的根本特征。马克思主义关于人的全面发展，强调的不是片面的发展、畸形的发展、不自由的发展、不充分的发展，而是全面的发展、和谐的发展、自由的发展、充分的发展。人是具有社会属性的，脱离开社会这个总体环境，单单讨论人的发展，是无本之木、无源之水。马克思主义人的全面发展观，与协同机制所关注的问题紧密相连，即如何为社会和人类提供合适的人才，以促进社会的发展和进步。具体来讲，马克思人的全面发展理论可以借鉴以下几点来作为协同机制的基础。

（1）注重整体发展。

马克思人的全面发展理论明确提出，人的全面发展需要从整体出发，在多个方面进行协调和发展。从把握马克思主义整体性的角度，把马克思主义整体性分为马克思主义理论的整体性和马克思主义理论与实践的整体性。其中，马克思主义理论的整体性又分为马克思主义三个组成部分的整体性和马克思主义经典著作的整体性。我们讲马克思主义三个组成部分的整体性，更多的是看重它们各自具有的不同内容，看重它们组合起来所具有百科全书式的内容。必须整体上掌握马克思主义经典作家的全部著作，以便当群众提出需要时，我们能够拿出契合的部分。

马克思主义实践是在马克思主义理论指导下的实践，因而它本身就体现了马克思主义理论与实践的整体性。在考察马克思主义理论与实践的整体性时，要考察马克思主义的全部实践，而不能只讲中国的实践，不能只讲中国今天的实践。马克思主义理论与实践的整体性的一个表现是逻辑与历史相一致。正因为如此，我们才能在马克思主义经典著作之上，继续发展马克思主义理论。

协同机制也应该注重整体发展，包括从学科、行业、领域、地区和时空的各种维度出发，协调和适应社会的发展需求。在协同机制中，这一理论可以用于指导对人才的发展规划和评估，不仅要关注个体的专业能力的提升，还要关注综合素质、创新能力、领导才能等方面的培养，使人才能够为整体的社会发展作出更大的贡献。

（2）重视个性化与差异化。

马克思人的全面发展理论认为，人的全面发展需要考虑个体的差异和特点，避免"一刀切"的统一安排。个性化是一切理论研究和精神生产应有的品质和特征。这是因为，与物质产品可以批量制造不同，知识、观念等精神产品的生产都只能是独一无二的，重复已有的研究、生产已有的知识和观念毫无意义。马克思主义理论研究也应该是个性化的，也只有强化马克思主义理论研究的个性特色，才能真正克服对待马克思主义的教条主义态度。可以说，只有具有个性特色的马克思主义理论研究才有资格称为马克思主义理论研究。

马克思主义提出人的个性化权利和差异化需求，在协同机制中，这一理论可以用于实现人才的个性化发展。通过评估和分析个体的特点和潜力，为不同类型、不同特长的人才提供个性化的职业规划和发展路径，充分发挥每个人的才能和优势，实现资源的最优配置。协同机制不仅需要考虑人们的共性需求，而且也应该注重个性化和差异化，对不同人才进行分类评估，为不同类型的人才提供有针对性的发展和选用机会。

（3）注重多方合作和共同创新。

马克思人的全面发展理论在重视个体发展的同时，强调了个体间的合作和协作。个性化是马克思主义理论创新的本质要求。所谓理论创新，是指人们通过创造性的思维活动而提出新的理论或赋予原有理论以新的内涵或特点。理论创新的具体表现形式是多种多样的，但无论哪种表现形式，都必然具有"新"这样一个共同的本质特点。这种"新"的特点，就是区别于前人和他人的理论研究的个性特色。没有个性特色，不可能有任何理论创新。在马克思主义发展史上，马克思、恩格斯、列宁、毛泽东、邓小平等之所以被称为马克思主义经典作家，就在于他们都作出了具有鲜明个性特色的马克思主义理论创造，也在于他们都作出了具有鲜明个性特色的理论创新。发展 21 世纪中国的马克思主义，我们要特别倡导开展个性化的马克思主义理论研究。

在协同机制中，这一理论可以用于搭建跨学科、跨领域的合作平台，鼓励不同背景和专业领域的人才之间的交流和合作，通过集思广益、协同创新的方式解决问题和推动社会的发展。协同机制也应该注重多方合作和共同创新，鼓励跨领域、跨行业、跨学科等的交流和合作，以此来促进整体的发展。协同机制就是对个体创新的包容和对全局协作的关注，是一种更高形式的创新，或者说是为了鼓励个体创新而打造的制度平台。

（4）关注社会责任和公共利益。

在实际生活中，各行各业的人都有自己的社会责任。他们的社会责任就是他们的工作目标：厨师钻研烹饪技术，提高厨艺；木工提高工艺，制造好的家具；理发师研究发型，提高技术，都是为满足顾客的需求并承担自己的责任。可以说，各行各业的从业者都有自己的工作岗位，都承担着自己应该承担的责任。

作为高校教育工作者，我们同样应该履行自己的社会责任。德国哲学家费希特写过一本书——《论学者的使命》，谈的就是学者的社会责任问题。学者不一定都当教员，但教员应该兼备学者的品格，明晰并承担自己的社会责任。

马克思人的全面发展理论同时也强调了人的社会责任和公共利益意识。马克思人的全面发展理论强调人与社会的关系，提倡人才具备社会责任感和公共利益意识。自由人人需要，关键是谁的自由，什么样的自由。应该懂得区分自由和什么样的自由、多数人的自由和少数人的自由。这是马克思主义理论工作者的责任。

在协同机制中，这一理论可以用于培养人才的社会责任感，关注人才在实现个人目标的同时，为社会的发展作出贡献。通过强化公民意识和社会参与意识，推动人才在各领域的知识和技能与社会需求的对接，实现协同发展。协同机制应该注重人才在社会中的作用和责任，强化人才的社会责任感，培育公共意识，从而使人才更好地为社会作出贡献。

综上所述，马克思人的全面发展理论在协同机制中可以发挥重要作用。它能够指导人才评估和发展规划，促进个体和整体的协同发展；注重个性化和差异化，充分发挥每个人的潜力和特长；强调多方合作和共同创新，推动各领域的协同应对；关注社会责任和公共利益，引导人才为社会的发展作出贡献。

通过融合马克思人的全面发展理论，协同机制能够最大限度地发挥人才的潜力，推动社会的进步和发展。因此，马克思人的全面发展理论的确可以作为协同机制的基础之一，而运用这一理论，可以更好地促进人才的发展和选用，实现社会的有机发展和进步。

3. 人职匹配理论对协同机制的理论支持

协同机制的理论支持之一是人职匹配理论。人职匹配理论即关于人的个性特征与职业性质一致的理论。其基本思想是，个体差异是普遍存在的，每一名个体都有自己独特的个性特征，而每一种职业由于其工作性质、环境、条件、方式的不同，对工作者的能力、知识、技能、性格、气质、心理素质等有不同的要求。进行职业决策（如选拔、安置、职业指导）时，就要根据一个人的个性特征来选择与之相对应的职业种类，即进行人职匹配。反过来理解这个理论，即用人单位在选择人才时，也需要通过职业要求的不同，选择适合的人才，即职业与人的匹配。

这带给我们的另一个启示，即人的职业成功与其所从事的工作和职业角色是正相关的，如果人职是相匹配的，匹配度越高，个人工作绩效和职业成就越好。由此可见，协同机制在人才选择与配置方面，可以运用人职匹配理论，使人才与职位之间更好地匹配，从而提高整体效率。

人职匹配理论对协同机制的理论支持主要体现在以下几个方面。

（1）提高人才匹配度。

人职匹配理论能够指导我们在协同机制中进行人才的合理配置，关注个体与工作之间的匹配程度，以及其对于工作表现和职业满意度的影响。在协同机制中，使用人职匹配理论可以通过评估和分析个体的兴趣、能力、经验和优势，将最适合的人才与相应的职位相匹配，帮助其在工作中获得成功，并使其产生成就感和获得感，从而提高岗位稳定性。

首先要保证选对人、配好岗。让人才保质保量并持续稳定地在企业快速成长并贡献力量。这样做可以让每个人在适合自己的领域发挥潜力，在提高个体绩效的同时也能使组织效率得以整体提高。通过科学、系统的评估和分析，能够掌握个体的职业兴趣、能力、经验和优势，推荐与之匹配的职业和工作内容，提高人才在工作中的职业满意度和工作业绩，从而提高整体效率。

其次是人才以用为本。这就要求牢牢把握发展要求，在统筹兼顾中明确用好哪一类人才，用在哪一方面，确保人才作用得到充分彰显。要对人才情况展开调研，多到人才工作的地方了解情况，多听取相关人的评价意见，在专业能力、性格爱好、家庭情况等方面为人才精准"画像"。

再次要保障个人发展与组织发展目标统一。充分研判发展需求与人才优势，推动人才作用与发展突破相统一、人才效应与发展层次相融合，不断提高人岗适配度。要充分尊重人才意愿，把握人才心理预期与生活需求，让人才心甘情愿留得下、扎下根。

最后要给予人才充分的发展空间。发展是每个人的内在心理需求，通过知识层面、技术层面、行政层面的发展，个体可以从外部获得认同，并内化成个人前进的动力，以马斯洛的需求层次理论来说，这属于人的精神需求。所以给予人才充分的发展空间，可以带来人职的长期适配，进而维护整个组织的人才队伍稳定。

（2）提升团队能力。

人职匹配理论不仅关注个体与职位的匹配度，而且也关注多个人才在一个团队内的匹配度，这有赖于团队的协作与合作。一支优秀的团队是由高效的个人组成的，而高效的个人是由持续不断的学习和提升而来的，团队为个人的学习和提升提供了平台和环境。因此，团队能力的提升是非常重要的。

人职匹配理论在团队层面上也有应用价值。通过合理匹配不同个体的职能、技能和角色，可以提高团队内各成员之间的协同效果和互补性，增强整个团队的能力和创造力。在人职匹配的基础上构建协同团队，可以实现任务分工明确、资源优化利用，从而达到更好的团队效能。

在协同机制中，多个人才组成的团队只有在职业角色和工作内容方面高度匹配，才能提高团队的整体能力和创造力。通常来说，团队创造力的涌现机理有自下而上的特点，即由有创造力的个体带动整个团队的创造力水平。正是人职匹配理论在团队中的运用，团队就成了从个体创造力向上涌现为团体创造力的平台，有利于打造更为有利的人才生态。

运用人职匹配理论管理团队，需要建立良好的沟通机制，比如通过定期的团队会议、群组讨论和远程会议等方式来实现。让团队成员不断地学习和成长；通过内部培训、外部培训、导师制度等方式来促进技能的发展；团队管理者可以提供学习资源和支持，例如书籍、在线课程等，使团队成员养成主动学习的习惯。

一个清晰的组织目标有助于团队成员明确自己的职责和目标，激发工作热情和创造力。因此，建立有效的目标管理机制，确保团队成员了解组织的整体目标，并能够为实现这些目标作出贡献。团队能力的提升是一个长期过程，需要组织和团队管理者在多个方面做出努力，促进团队个体技能的发展，鼓励团队合作和互助，提供良好的工作环境和福利待遇以及建立有效的绩效评估机制，这些都是提高团队能力的重要手段。

（3）降低人员流动性。

人才自由流动是社会进步的表现，但频繁的人才流动不仅不利于人才的个人成长，对于岗位提供组织来说，也无法在较长时间段内规划人才储备。

首先，人员流动会对组织和协同机制产生负面影响。人职匹配理论可以帮助降低人员流动性。通过科学的评估和匹配，组织可以更好地了解员工的职业倾向与发展需求，将合适的人才放置在适合的职位上。这样，员工能够更好地发展自己的职业道路，增加职业满意度，减少因岗位不适宜而产生的心理不满和人员流动。

其次，人员流动性的减少可以降本增效。减少人员流动性可以提升组织的稳定性和效率，同时也节约了由于人员流动带来的培训和新员工适应岗位的成本。通过人职匹配理论，对人才进行科学的评估和分类，能够更好地提高人才和工作岗位的匹配度，从而降低人员流动性。

最后，人员流动性的减少可能通过组织外部环境的改善来实现。通过了解人才的深层次心理需求，提供给人才与其水平相匹配的薪酬，并提供吸引人的福利待遇，如弹性工作时间、健康保险、培训机会、职业发展计划等。员工更倾向于留在一个能够给予他们成就感和满足感的环境中，通过建立积极、支持性和受尊重的工作环境，鼓励团队合作和人才参与感，提供适宜的工作条件和设施，使员工心理上有归属感；人才倾向于留在一个能够提供发展前景和提升能力的组织中，提供人才发展和成长的机会，如技术职务或行政职务的晋升等；保持良好的内部沟通，建立开放的反馈机制，鼓励员工表达意见和关切，这样可以增加人才对组织的归属感和参与感；关注人才的工作生活平衡，提供灵活的工作安排和福利政策，如弹性工作时间、远程办公等，这可以帮助人才更好地平衡工作和个人生活需求，减少意外情况的发生；及时认可和奖励人才的工作表现，给予合理的晋升机会和奖励措施，这可以提升勉励作用，形成积极的动力模型，同时能够树立榜样，调动周围人的积极性。

（4）人职匹配理论可以反过来帮助管理者能力提升。

优秀的领导者能够发现人才、使用人才、优待人才，激发员工的工作热情和忠诚度，这是领导者管理能力的一种体现。

以身作则是最好的领导方式，也是最难做到的管理方法。《论语·子路》中说，"其身正，不令而行；其身不正，虽令不从"。意思是自身端正，不用命令人们就会遵行；自身不端正，虽发命令也没有人听从。

每个管理者都应有描绘愿景的能力。每个人都希望自己能获得美好的生活，美好的愿景是管理者感召力的一部分。好的领导和管理者都具备给下属描绘美好愿景的能力。

团队管理者是团队的主心骨。如果管理者墨守成规，因循守旧，是很难带领团队实现大的飞跃和发展的。管理者运用人职匹配理论制定组织目标，既要考虑到目标执行人的勇气和魄力，也要考虑到其胜任力。如果目标执行人的勇气、魄力、胜任力不足以完成高目标，会在内心产生对高目标的抵触心理；即便其不得以勉强接受，但因为对完成目标的预期过于消极，也会导致个人压力过大，无法从工作中产生成就感与获得感。

虽然高目标比低目标更容易产生组织效率，但高目标往往需要创新，创新流程、创新工艺、创新技术等，可能带来质的飞跃。在创新过程中也会带来较大的组织压力，进而传导至个体，并引发人才流动性的产生。这不仅会带来巨大的人力资源浪费，也会破坏职业角色和岗位之间的匹配度，导致整体效率的降低。这也是运用人职匹配理论进行组织管理的意义所在。

综上所述，个体差异是普遍存在的，每一个个体都有自己的个性特征，而每一种职业由于其工作性质、环境、条件、方式的不同，对工作者的能力、知识、技能、性格、气质、心理素质等有不同的要求。进行职业抉择，如选拔、配置、职业指导时，就要根据一个人的个性特征对应适合的职业岗位，即进行人职匹配。人职匹配理论可以潜在地为协同机制的发展提供理论支持。它可以指导人才的行业、职业和岗位，提高人才和工作之间的匹配度，进而提高人才的职业满意度和工作业绩，增强团队的整体能力和创造力，并降低人员流动性，最终提高整个社会的效率和生产力。通过提高人才匹配度，能够将个体优势与工作需求相结合，提高整体效率。合理匹配团队成员的职能和角色，能够提升协同团队的能力和创造力。同时，通过降低人员流动性，可以增强组织内的稳定性和效率。因此，在实施协同机制时，运用人职匹配理论可以帮助组织更好地管理人力资源，提高组织整体绩效和竞争力。

第三章

高校德育与乡村振兴人才选用协同机制的设计与构建

在针对研究现状的文献梳理过程中，我们已经探讨了当前德育服务乡村振兴人才选用协同机制构建的研究缺失。一般来说，理论研究是来源于实践、运用于实践，并将最终超越实践的。如果当前缺乏此类研究，就说明在此方向上存在社会关注不足等问题。

一、高校德育与乡村振兴人才选用协同机制中存在的问题和原因分析

高校德育与乡村振兴的物理场域不同、关注对象不同、历史任务不同。物理场域不同是指，高校的教育活动通常发生在大学校园，而乡村振兴需要以乡村为背景；关注对象不同是指高校德育关注的是人，而乡村振兴关注的是包括组织、经济、法律、文化、生态等在内的整个集体；使命不同是指高校承担的是"立德树人"的任务，而乡村振兴承担的是保障国家粮食安全，促进一、二、三产业融合等的重大国家安全战略。正是因为有这些不同，两者在协同上也会出现问题。

（一）高校德育与乡村振兴人才选用协同机制中存在的问题

高校德育与乡村振兴人才选用协同机制中存在的问题可以从以下几个方面详细阐述。

1. 人才选拔标准不一致

在德育培养与乡村振兴人才选拔过程中存在标准不统一的问题。由于各高校德育培养目标、内容、方法设计与乡村振兴实际需求之间缺乏紧密对接，导致德育培养成果与乡村振兴人才需求之间出现差异。例如，高校可能更侧重于理论素养的提升，而乡村振兴实践中更需要解决实际问题的能力。学农与"离农"现象并存。嘉兴职业技术学院乡村振兴学院院长卢晓慧分析，由于招生困难，涉农职业学校数量与招生规模逐年萎缩，学校迫于生存压力，或升格，或合并，或撤销、停办农科专业，农学特色淡化。数据显示，全国各级各类农业院校较 2013 年减少了 300 多所，且呈下降趋势。即便是升格或合并的学校，很多也面临农业学科体系被分割、涉农专业地位边缘化、投入不足、实训基地建设滞后、人才培养与产业结合不紧密等问题。[①] 无论是基础设施建设，还是基本公共服务能力，农村基层整体工作生活环境与城市相比有较大差距。同时，一些涉农岗位的招聘有学历"门槛"而无专业设定，导致涉农职业院校毕业生不具备竞争力，影响他们到基层一线就业的积极性。

2. 信息共享机制不健全

高校德育部门与乡村振兴人才选拔机构之间的信息共享机制不健全。由于缺乏有效的信息交流平台或渠道，两者之间在人才培养与选拔过程中的信息未能实现及时、准确地共享和更新。目前，乡村的信息化程度相对

---

① 晋浩天. 发展面向乡村振兴的职业教育：人才如何"向农而行"［N］. 光明日报，2023 - 02 - 28.

较低，主要体现在信息化设施建设不足、信息传输速度慢、信息资源匮乏、信息资源的采集和整合困难、乡村居民的信息获取能力低等。同时，乡村干部的信息化能力也亟待提升，主要是信息化工具的运用能力、乡村信息治理能力缺失等。乡村信息治理手段的缺失造成了信息传递不畅、信息处理效率低下等问题。

3. 政策衔接不紧密

政策制定层面的不一致，造成了在高校德育与人才选拔政策实施过程中出现衔接不紧密的问题。例如，高校因政策导向可能更倾向于学术层面的研究，而乡村振兴政策则更偏向于实用技术和创新能力的培养，两者在政策导向、奖励激励机制等方面存在不一致。从近几年我国重点高校学生的毕业就业去向看，每年农科毕业生约 20000 人，但在基层就业不足 1500 人，仅占就业总人数的 7.5%。[①] 全国县以下林业专业岗位近 100 万个，林科人才仅占 20%，有的基层林场站所甚至近二十年都没进过一名林科毕业生。以东北林业大学、东北农业大学、四川农业大学、西北农林科技大学为例，对 4 所农林高校服务现代农业的本科毕业生就业数据进行调查分析得出：4 所农林高校毕业生在涉农领域就业的平均比例为 19.32%，在农村基层就业的平均比例为 4.02%。也就是说，在上述农林高校本科毕业生中，平均每 5 个人中不到 1 人在涉农领域就业，平均每 25 个人中有 1 人在农村基层就业。这些数据说明基层农科人才供求矛盾依然突出。[②]

4. 教育内容与乡村实际需求脱节

高校德育教育内容与乡村振兴的实际需求之间存在脱节。德育教育应关注乡村振兴的核心需求，包括乡风文明、村级治理、农业技术普及、乡

---

① 全国人大代表的一次特殊"家访"——中国工程院院士、中南林业科技大学校长吴义强为基层林业特岗生送通知书［EB/OL］. 湖南教育新闻网，2023 - 07 - 26，http：//news. hnjy. com. cn/content/646741/60/12898138. html.

② 吉辉. 高等农业院校农科类人才培养分析与思考［J］. 安徽农业科学，2020（18）.

村文化传承等方面，但实际德育教育内容可能偏重于理论性、普遍性素养的培养，缺乏针对性和现实指导性。近年来，我国农业的发展方向已由增产导向向提质导向转变，传统的农业正在向以生态农业、农产品加工业、休闲农业、乡村旅游业、乡村服务业、乡土特色产业等为代表的现代农业转型。但我国高校的专业设置与人才培养方案还停留在传统模式，社会涉农就业岗位需求和毕业生匹配度较低。以甘肃省为例，甘肃省农业产业的分化比较明显，一些特色养殖、中药材种植、经济作物生产、旱地节水灌溉等产业发展快，人才需求量大，但企业接受的毕业生多数还是传统的农学、畜牧、兽医等专业。以山东省为例，2016 年山东种植业产值为 2895.7 亿元，占农林牧渔业产值的 51.6%，但直接服务于种植业的农业技术类专业招生仅占 20%；其牧业产值比例为 30%，但畜牧兽医类专业招生比例达到近 60%。可见专业设置与农业产业结构需要进一步加强协调。①

5. 人才培养模式与选拔方式不匹配

高校的人才培养模式以学术性、理论性为主，乡村振兴人才选拔却需要更多具有应用技能、实践经验和地方文化认同感的人才。潘懋元先生关于教育的外部规律的研究认为，教育必须与社会发展相适应。适应有两个层面的意思，一是教育要受一定社会经济、政治、文化的制约，二是教育必须为一定社会的经济、政治、文化（的发展）服务。② 我国高校根据经济与社会发展的实际需要，以及学校现有条件，确定学校人才培养的总体目标、培养层次、学校类型的决策，应该是理性而坚定的，而不是偏激而盲目的。

随着我国综合类院校的教师队伍不断壮大，高职院校也逐渐朝着综合类院校的教育方向发展，各个高校之间出现竞相拉高学校层次，并发生教育定位的方向性偏移。比如，师范类学校趋向科研型，农业类的高职院校

---

① 吉辉. 高等农业院校农科类人才培养分析与思考［J］. 安徽农业科学，2020（18）.
② 潘懋元. 潘懋元论高等教育［M］. 福州：福建教育出版社，2007：127 - 141.

急于升至本科，教育定位也开始趋向学术型与理论型，原有的本科院校人才培养目标在研究型和教学型之间游移等。这些问题的出现一方面造成农业类高职院校的人才培养模式与其他院校趋同，培养不出复合型、应用型人才；另一方面，涉农高职院校的学校定位模糊、培养目标错位也难以适应乡村振兴战略的实际需求，从而导致大学生到农村基层就业"下不去、留不住"。此外，教学方式、实习机会、社会服务等环节也常常与乡村振兴的人才需求不同步。

6. 毕业生基层工作经验不足，工作能力受限

我国高等教育在人才培养方面明显带有为城市服务的特点，即使是高等院校在培养目标、专业设置、教学内容等方面的农村指向性也较弱。当然，这个问题要以历史的眼光来看待，但也不得不承认，院校以传统培养目标为主，专注学生的专业培养，在学生培养计划中缺少对乡村就业知识的传授，以考试为主的单一评价方式已经过时，未曾参与基层锻炼的学生对乡镇建设理念认知不清，对乡村规划毫无概念，知识储备不足，极少有学生会深入乡镇进行问题的搜集与分析，因此缺乏基层经验的院校学生在处理基层事务或者进行乡镇建设时，困难较多，无法适应乡镇工作，只能从其他方向寻求工作机会。由于缺乏乡村锻炼机会，培养计划农村指向性较弱，农业专业毕业生并不具备处理乡村事务的能力，即使学生毕业后选择服务乡村振兴计划，也会遇到工作开展困难等问题，不利于他们的职业发展。

（二）高校德育与乡村振兴人才选用协同机制中存在问题的原因

高校德育与乡村振兴人才选用之间的协同不足，产生的原因是多方面的。

1. 教育体制与行政体制的脱节

我国的教育体制与教育行政体制在运行机制和政策落实上存在一定程度的分离。教育体制是教育机构和教育规范这两个要素的组合；教育行政体制则是教育管理机构与一定规范的结合。

教育机构包括教育实施机构和教育管理机构，教育实施机构主要是指各级各类学校；教育规范是指建立并维持教育机构正常运转的制度。学校教育机构与一定的规范相结合就形成了各级各类学校教育体制；教育管理机构与一定的规范相结合就形成了各级各类教育行政体制。在教育体制的两个基本要素中，教育机构是教育体制的载体，教育规范是教育体制的核心。

在教育体制的两个子系统中，学校教育体制是整个教育体制得以构成和运行的前提；教育管理体制是整个教育体制得以构成和运行的保障。在教育管理体制的两个子系统中，教育行政体制是指国家对宏观教育的管理体制，学校管理体制是指微观教育的管理体制。主要围绕立德树人，培养社会主义的接班人和建设者的主旨，将各级各类的学校教育和各级各类管理体制的关系处理好，来共同完成立德树人的任务。

长期以来，教育体制与行政体制之间是孤立的、脱节的，是需要进行深度改革的。教育改革强调既要改革各级各类教育机构，也要改革各级各类教育制度，但主要强调的是教育制度的改革，因为各级各类的教育制度是教育体制的核心，由此导致在实际操作中高校德育教育和乡村振兴人才选拔的政策执行缺乏同步性和连贯性。

2. 传统教育观念与实践需求间的差异

传统的高校德育教育更侧重于理论知识的教育，而对学生的实践能力和应用技能培养重视不够。传统教育强调课堂内的理论知识传授，但这种方式存在问题。人们倾向于高等教育的功能表现在科学研究、知识传承、服务社会、人才培养。目前来看，我国高校普遍存在着传统教育观念与实践需求的脱节，首先，单纯的理论知识传承不能满足现实世界的需求，既没有发挥服务社会的功能，也没有在人才培养方面实现教育对象的"全人化"。从乡村振兴的视角来看，高校服务社会的功能就是要培养出能够服务乡村振兴的人才。

其次，传统教育以考试为导向，侧重于形而上的记忆和单一维度的测试，这种教育评价方式，评价的是对既有知识的传承，而没有进行知识维度的创新，"守正创新"守的是传统，望的是创新，而我们传统的教育观念只做到了"守正"，但没有做到"创新"。

最后，传统的课堂教育忽略了学生的个性差异，限制了学生的创造力和批判性思维，这导致学生在面对复杂问题时感到手足无措。实践教育则有不同的教育效果，它通过学生的亲身体验和实际操作，使其能够掌握实际技能，这些技能对未来职业和生活至关重要。乡村振兴对于实践性和应对具体问题的能力要求较高，两者之间存在一定的理念和实践差异。

3. 高校与地方政府信息沟通不畅

因为缺乏有效的信息沟通渠道，高校与地方政府、乡村等相关机构的信息沟通不顺畅。分析我国的高等教育现状可以发现，我国地方院校数量众多、集聚效应显著，但高校与高校间、高校与当地政府部门间相互隔离，处于事实上的孤立状态，缺乏深度沟通合作。

为响应国家"三农"政策，许多高校开设农学、植物科学与技术、动物医学等专业，力求适应乡村振兴战略需要。实践中，大学专业教育更多停留在课堂层面，并未延伸到政府大学生返乡就业创业政策设计中。部分地方对大学生返乡创业规定执行"一刀切"做法，未按农学、工学、管理学等学科门类划分出对应子政策，不仅浪费了大学生人力资源，还易形成"扎堆创业"怪象，增加创业风险。

具体来说，高校与政府的沟通应该始于问题，归于协同。但目前来看，始于问题也终于问题，而没有落脚在机制协同。一方面，由于部分地方党政部门对决策咨询重要性认识不足，例如，某高校主动向某省政府下属部门提出自费就其系统内普遍存在的某一问题进行调研分析并提出解决方案，被以"扰乱工作"为由拒绝。政府部门对高校建设的推动还停留在宏观政策层面，缺少支持高校发展的关键性、实质性举措，这些使得决策咨询的需求不旺，对需要解决的"问题"与高校沟通得少。沟通"渠道"

不足导致政府"问题下达"和高校"建议上达"梗阻。

另一方面，高校专职研究人员积极主动从各种官方渠道整理、分析"问题"以及成果推广的动力和精力也不足，导致当前很多高校研究"问题"的获取和研究成果的推送遇到阻梗。目前存在的不少高校服务与党政需求的匹配度不高、优质服务供给不足和低质成果生产过剩并存的现象，高校找不到服务输出接口，也就不能够有效地嵌入政策研究或决策系统，正是政府"问题下达"和高校"建议上达"梗阻的表现。这种梗阻传导至乡村振兴层面，表现为对于乡村振兴所需要的人才类型、技能要求、工作环境等信息，高校往往了解不足，难以顾及教育活动中的针对性设计。

4. 资源分配的不均衡

资源在不同地区、不同高校、不同层级教育机构之间存在分配不均衡现象。改革开放以来，我国高等教育事业得到全面发展，正在由高等教育大国向高等教育强国稳步迈进。但是我们还必须看到，高等教育资源布局不协调，中西部高校长期处于弱势地位，高层次人才向一线城市的研究型头部学校聚集，高校间经费分配差距过大，导致地方高校发展空间受到严重制约。处于义务教育阶段的中小学也存在这样的现象。这既是一个历史问题，也是亟待解决的现实问题。使优质的教育资源惠及大众，增强其幸福感和获得感，是关乎人民群众切身利益的大事。

高等教育的发展与我国特定时期的意识形态、发展战略、区域布局以及经济因素交织在一起，效益与规模、速度与质量、精英与大众的矛盾一直困扰着高等教育发展。一些乡村地区在人才吸引力及教育资源配套方面相对缺乏，降低了高校毕业生到乡村地区工作的意愿和效果。以农村地区小学教师岗位为例，农村的学校数量较少，硬件设施不够健全，很多学校甚至没有图书馆、实验室等基本设施，更不要提先进的教学设备了。这样的教学条件，叠加农村迟滞的经济条件和相对落后的生活条件，导致很多优秀的教师"下不去"，即使"下得去"，也做不到"留下来"。

5. 高校教育评价体系的单一性

目前高校教育评价多侧重于学业成绩和理论考核，忽视了学生的社会责任感、实践能力，无法有效满足农村地区的人才需求。原有教育评价的基本特点是评价主体过于单一，主要集中在第二方即教育管理方的评价。第一方学校自身的评价得不到呈现，就无法解决教育改革的导向问题，第三方教育评价体系也未能充分利用和发展起来。评价标准单一，几近用一把尺子量不同的学生，如同削足适履，学生连带家长和教师的负担不断加重。事实上，这种模式将所有人捆绑在一起，教育焦虑不断加深，课外培训产业反倒不断繁荣，甚至已经影响整个社会正常生活、生产和创新、创造能力的提升。主要有以下几种表现：

（1）评价方式单一。

表现在主要依靠已经使用了千余年的纸笔测试，甚至只有测量，没有评价，或者以测量替代评价，现代教育评价理论与方法很少被利用。

（2）评价功能单一。

主要表现为家长和学生为了选拔升学，进入更好的学校，找更好的工作，挤压并狭义化了教育的功能，影响教育培养"全人"的效果。这样的评价的单一性，与教育实际的多样性、个体天性特征的多样性、社会对人的需求的多样性、个体成长发展过程的多样性，以及与此相关的教育与社会条件的多样性、教师与教学情境的多样性之间，存在着巨大的不匹配，在有些情况下还成为教育改革的障碍。教育评价的"一"与教育评价对象及其环境条件的"多"之间的矛盾，是现行教育评价的主要矛盾。

（3）评价主体单一。

由于评价主体的单一性，导致评价是非专业化的，评价主体过于垂直和集中，而不是多种主体并存，类似评价主体与客体之间的界限模糊，有些评价主体甚至一会儿是"裁判"，一会儿是"运动员"。

在评价主体的专业构成上，忽视各学科门类的多样性，忽视不同地区和个体的多样性；在评价的标准构成上，忽视、无视甚至阻碍学术发展和个体成长的过程性，不能作出符合实际的专业判定，只能以非专业、不全面的分数、升学、文凭、论文、奖励作为参照依据或中介，挡住了各种专业合理的质疑、论证，也挡住了现代教育评价的新理论、新技术、新方法，还有可能在教育评价上乱作为，使问题进一步扩大或恶化。

6. 政策执行力度不足

高校和地方政府在政策理解、执行和落实上存在差异，使得相关政策并未完全发挥其应有的作用。政策常以现实问题的解决为导向，政策制定重于研究问题和提出对策，轻于实际应用。而政策只有通过执行，才能将问题的解决落到实处，进而实现政策目标。所谓"徒法不能以自行"，政策问题的解决必须依靠政策的有效执行，在达到政策目标的过程中，政策方案确定的功能只占10%，而其余的90%则取决于有效的执行。可见，教育政策执行过程的好坏几乎直接决定了政策问题能否得到解决，是实现政策目标的关键环节。

此外，教育政策执行的主体、方法、程序等方面也会直接影响政策目标的实现程度和覆盖范围。随着我国教育改革与发展的不断深化，党和国家不断加强顶层设计，政策执行研究的重要性日益凸显。当前，我国教育改革进入"深水区"，国家通过制定一系列教育政策来推进改革，促进教育公平发展和教育质量提升。现阶段，我们亟待通过加强教育政策执行研究，深化对整个教育政策运行过程的认识，提高教育政策认知水平，提升教育政策执行能力，避免改革预期目标出现"上有政策，下有对策"的尴尬局面，为教育事业的健康发展提供有力保障。

政策方案科学与否是政策能否顺利执行的前提。科学的决策符合社会发展的客观规律，代表人民的根本利益，能够促进社会的发展，给人民带来利益，也能被执行者所认同，被政策对象所拥护，因而能得到有效的执行。

从操作和技术层面来说，教育政策还必须是明确具体的。如果政策方案模糊不清，必然会导致政策无法有效执行。政策执行的体制机制涉及权力的分配与监督、信息的收集与反馈等内容，其合理程度对教育政策的顺利执行具有重要影响。信息沟通机制不畅通，会导致教育政策信息不对称、沟通渠道受阻；监督机制不健全，缺少对教育政策执行过程的监督，会导致缺乏对政策执行效果的明确考核。

此外，教育政策执行还受到政治、社会和观念等外部环境因素的影响。例如，社会经济状况、生产力发展水平、教育程度、人口规模等，直接决定着教育政策执行的目标、性质和方向；教育政策执行也需要社会的有效监督、公众的积极参与以及媒体和其他社会舆论给予关注和支持；有关法律、道德和政治等方面的观念因素既可以成为教育政策执行的阻力，也可以成为其强大的推动力。同时，部分具有针对性的政策未能得到有效执行。

7. 社会文化因素的影响

改革开放四十余年来，社会价值观产生了一定程度的异化，"窗户打开了，新鲜空气进来了，苍蝇蚊子也进来了"[①]。当代社会对于成功的判断不再停留在信仰和价值层面，而是向物质比如收入、报酬、福利及隐形福利等层面偏移。这种社会价值观念的变化也会对大学生个人价值观产生影响，使高校毕业生更倾向于选择具有便利生活条件、优渥物质条件、良好社会评价的职业，而不是投入到乡村振兴工作中。

大学生作为返乡就业创业的主体，也是乡村振兴战略中最具影响力的因素。社会文化中"学而优则仕"等思想，也一定程度上影响着大学生的就业选择，"考公热""考研热"等就是大学生功利性就业的典型表现。而创业作为极具挑战性与风险性的社会活动，很难成为大学生的第一职业选择。尽管我国各地政府制定大量引才扶持政策措施，但选择返乡创业的大学生仍占少数，尤其新冠疫情期间中小企业遭遇的经营困境，更加凸显了稳定就业的重要价值。面对市场不确定因素的冲击，大学生缺乏足够的

---

① 王秀杰. 改革开放以来我国社会主流价值观演进轨迹、形成机理与现实启示 [J]. 河南社会科学，2023 (09).

返乡创业动力。

另一个重要原因是，与"乡村振兴""双创"政策等外部拉力相比，大学生返乡就业创业内在动力不足，难以形成长效化运作机制。一旦就业创业激情被现实无情磨灭、就业创业理想被消磨殆尽，返乡就业创业变得更加难以为继。

当然，大学生与乡村之间的物理隔离，以及协通机制上的不完善，也使得大学生对乡村不够了解，大学生与基层间缺乏协作支持沟通条件。基层作为大学生返乡创业的沃土，也是乡村振兴战略实施的舞台。很多基层部门与返乡大学生间协同支持通道不顺畅，大学生就业创业项目与当地就业创业政策结合不够紧密，也是大学生"下不去""留不住"的原因之一。

8. 德育内容与现代农业发展需求脱节

高校德育内容往往更侧重于通识教育，对于大学生理解当代中国乡村的实际需求，特别是现代农业发展与文化振兴等方面的教育不足，使得大学生难以与乡村振兴任务实际对接。相较其他人群，返乡大学生社会经验不足、适应能力与实践能力偏弱。而返乡创业作为社会经济活动，一旦开始就可能面临竞争压力，考验着大学生返乡创业硬实力。

从高校到乡村，从学校到职场，从学生到社会人士，角色转变对大学生应变提出新的要求。返乡大学生阅历不足、人脉不广，大多选择劳动密集型产业作为初始创业项目，尤以种养业为主。与其他新兴业态不同，种养业受自然等外因影响大，加之对供应、销售等投入不足，无法形成规模效应，获利能力较低。比如菌类种植创业项目，某返乡大学生聘请了地方农民进行手工种植，缺乏标准化种植技术及精细化管理技术支持，最终因经营效益欠佳被迫转让。也有不少返乡大学生对创业回报要求过于迫切，对项目发展前景预估不足，抵御创业风险能力弱，创业热情被无情打击。

另外，部分大学生存在盲目创业或跟风创业现象，创业动机源于一时冲动，缺乏科学理性规划，原因在于各高校尚未建立起大学生返乡创业培训体系。在大学 3~4 年的学业生涯中，高校偏重创业理论知识传授，对创业管理实务教育不足。比如在多数高校，职业生涯规划、创业实践导论等均为辅修课程，在教育教学中处于边缘地位。而仅有的创业指导类课程讲授较简单，方式集中于课堂理论讲解，缺乏深入企业实践、结合社会需求思考与设计。相对而言，大学一年级作为大学起始阶段，引导该阶段学子树立返乡创业理念、塑造理性就业观念至关重要。而部分地方高校对大学生返乡创业培训频次少、质量低，客观上形式大于内容，培训与社会需求脱节，难以帮助提升返乡创业硬实力。此外地方高校与创业企业间缺乏联系与沟通，尚未建立合作办学人才培养模式。身处"象牙塔"中的学生少有机会进入与其创业意向相关的企业进行实习或实践，一定程度上造成返乡创业成功率不高。

二、乡村振兴人才对高校德育的需求分析

"高校育人"与"田间育苗"道理相同，都需要应时应势应节，顺应时代要求，呼应学生需求，强化人才培养的科学性。培育乡村振兴人才，是时代对高校德育提出的要求。

（一）乡村振兴人才培养的战略意义、目标与需求

乡村振兴战略的实施，对于平衡乡村发展、促进区域经济发展、推动社会全面进步具有重要意义。人才作为实施乡村振兴的关键因素，在这一过程中具有重大战略意义。

1. 乡村振兴人才培养的战略意义

（1）实现乡村组织振兴。

《中华人民共和国乡村振兴促进法》第三条规定，促进乡村振兴应当按照产业兴旺、生态宜居、乡风文明、治理有效、生活富裕的总要求，统筹推进农村经济建设、政治建设、文化建设、社会建设、生态文明建设和党的建设，充分发挥乡村在保障农产品供给和粮食安全、保护生态环境、

传承发展中华民族优秀传统文化等方面的特有功能。其中政治建设和党的建设，就涉及乡村组织振兴。

如前所述，在人口老龄化的社会背景下，乡村的"空心化"问题更加突出，乡村人口中的青年群体缺失使乡村党组织建设缺乏活力，一些党组织软弱涣散，导致乡村振兴过程中部分地区党的领导力不足，党组成员对政策理解和执行不到位，缺乏创新的观念和开创精神，无法统筹推进乡村经济建设。甚至个别乡村的党组织呈现家族化特征，在重大决策过程中缺乏公信力，无法有效落实乡村振兴的相关政策。

高校通过德育推动青年人才服务乡村振兴，通过德育为基层党组织注入新鲜血液，切实发挥农村基层党支部的战斗堡垒和党员的先锋模范作用，使基层党组织这个党的"神经末梢"变得坚强敏锐。

（2）实现现代农业振兴。

人才是推动农业现代化的核心，通过吸引和培养农业技术人才、农业经营管理人才，可以有效提升农业生产效率，增加农产品附加值，推动传统农业向现代农业的转型。现代科技的应用对农村振兴至关重要。大学生对新事物有着更为开放的态度，对于科技产品有着天然的接受度，可以推动农村科技创新，比如推广农业互联网技术，通过共享农业信息等方式，提高农民的生产效率、管理水平和农产品质量。另外，可以与科研机构合作，开展农业科技创新项目，改进传统农业方式，提升农业生产发展水平。

（3）实现乡村社区振兴。

乡村社区是社会治理的基本单元。乡村社区治理事关党和国家大政方针的贯彻落实，事关人民群众切身利益，事关乡村基层和谐稳定。应实现党领导下的政府治理与社会调节、居民自治之间的良性互动，全面提升乡村社区治理法治化、科学化、精细化水平和组织化程度，促进乡村社区治理体系和治理能力现代化。高校德育推动有情怀、有能力的人才带动农村治理方式的创新，使他们在乡村有用武之地，能够引入现代管理理念，推动农村治理结构精细化、法治化、民主化，提升村民自治水平。

（4）实现农村经济振兴。

通过多渠道、多层次、多方式的人才引入和培养策略，能够促进农村经济结构的多样化发展，比如发展乡村旅游、特色产业、乡村电商等，为乡村振兴注入新动力。高校通过德育可以促使大学生产生积极投身于农村产业发展的动机，通过德育鼓励大学生将所学专业知识应用于农村经济发展，推动农产品的品牌化和市场化，鼓励他们进行市场调研，推动农产品的生产、加工和销售，带动农民增收致富，这也是高校服务社会的题中之意。

（5）实现科学技术振兴。

人才尤其是科技人才的引入，可以将先进的科学技术、创新创业理念带到农村，提高农村的自主创新能力和科技应用水平，进而提升农村整体的发展动能。通过参与农村实践，大学生可以亲身了解农村地区的现状、发展需求和问题所在。在此基础上，发挥自身专业特长，为农村提供技术支持和专业咨询，如农田水利、农作物种植、养殖技术、农产品加工等。在实践中，大学生可以结合自身专业进行调研、提出解决方案并实施。

（6）实现农村教育振兴。

教育是人才的摇篮，优秀人才可以反哺农村教育，参与提高农村教育质量，帮助引导农村青少年树立正确的世界观、人生观、价值观，以培养更多土生土长、愿意留在农村发展的后备人才。针对农村地区缺乏文化和教育资源的问题，大学生对接城市志愿组织、爱心企业等，在短期支教、定期服务、周期合作上开拓资源和渠道，拓展新的教育资源。

（7）实现农村文化振兴。

文化人才能够在农村文化建设中扮演重要角色，他们可以通过活化传统文化，建设乡村图书室、文化馆等设施，丰富农民精神文化生活，提升农民文化素质；大学生可以通过参与乡村旅游和促进文化产业的发展，为乡村经济注入新的活力，比如开发具有地方特色的旅游产品和文化产品、推广乡村旅游路线和文化活动等，吸引更多的游客和投资者来到农村地区；他们还可以参与农村乡土文化的保护与传承，帮助农村居民保留自己独特的文化特色。

（8）实现农村生态振兴。

生态环保人才的加入，能够提升农村的生态文明建设水平，对农业生产过程中的环境问题提出解决方案，帮助建设绿色、可持续发展的乡村。绿色发展是乡村振兴的重要方向之一。大学生可以通过倡导绿色发展理念，为乡村环境改善和可持续发展作出贡献，比如推广环保技术、开展环保宣传和教育活动等，提高农民的环保意识和能力，促进乡村的绿色发展。

（9）实现制度保障振兴。

医疗卫生、公共卫生等人才的到来可以显著提高农村的健康水平和生活质量，人才的涉入还能提升农村基础设施建设、社会保障等方面的服务质量，从而全面提高农村居民的生活水平。农村基础设施的改善对于农村振兴至关重要。大学生可以积极参与农村基础设施建设，比如参与道路、桥梁、电力、供水等基础设施建设项目，帮助解决农村基础设施短板问题，改善农民的生产生活条件，提升农民的幸福感，使其感受到来自社会的保障和关爱。

2. 乡村振兴人才培养的目标

乡村振兴战略中的人才目标是高校通过德育手段，培养、推动、输送大学生进入乡村，参与乡村的全面发展。

（1）培育适应性人才。

正如人职匹配理论所倡导的，人和职业之间是需要匹配的，人职匹配是人从事职业的理想状态。在人职匹配的情况下，个体能够发挥主观能动性，作出更大贡献。为乡村振兴培育适应性人才，目标是培养能够适应乡村振兴需求的人才，这类人才不仅要有相应的专业知识和技能，也要有投身乡村、热爱乡土文化的情感和初心。

（2）提升农村人才质量。

人才是指具有一定的专业知识或专门技能，进行创造性劳动并对社会作出贡献的人，是人力资源中能力和素质较高的劳动者。通过提供系统性的高校德育教育、乡村继续教育、定期或不定期的培养培训等多种方式，提高农村人口的整体素养，如基本理论素养、农业技术素养、医疗卫生素养、文学艺术素养、安全生产素养等，盘活整体农村人力资源，使人力成长为人才。

（3）优化人才结构。

人才结构分个体人才结构和群体人才结构。个体人才结构是个体内部各个要素的组合方式，如个体的德、才、学、识、体的组合方式；群体人才结构是群体中各个个体之间的组合方式，是由两个或两个以上人才个体按照不同的层次、比例、序列组合成的有机体。这种人才群体的专业结构、知识结构、职能结构、年龄结构等的组合方式，共同决定组织人才结构的科学性和合理性。通过制定和实施相应政策，吸引不同背景、不同专业的人才投身乡村，尤其是优先发展农技、农经、农创等人才，实现人才类型多元化，为乡村发展提供全方位支持，是乡村人才培养的目标之一。

（4）保障人才均衡分布。

一般来说，人才的分布受到产业基础和公共服务水平的影响。产业基础越是牢固的地区，专业人才的集聚效应越是明显，也就有越多的资金投入公共服务领域；公共服务水平就越高，进而吸引更多人才的加入，更加促进产业发展，形成人才和产业相互促进的正向循环。确保各个地区、各类乡村都能有足够的人才支撑，减少区域发展不平衡现象，让人才成为促进区域均衡发展的重要力量，也是乡村振兴人才培养的目标。

（5）形成稳定的人才队伍。

2021 年 1 月 28 日，中共中央办公厅、国务院办公厅印发了《关于加强和改进新时代农村人才队伍建设的实施意见》（以下简称《意见》），明确了"十四五"期间我国农业农村人才队伍建设的总体部署和目标任务，其中强调了加强政策保障，创造良好政策环境，为农业农村人才队伍建设提供有力支持。具体措施包括：完善人才政策体系，加强对人才的引导和扶持，提高人才待遇和社会地位等。这种政策上的保障、职业发展上的路径设计等措施，能够吸引人才长期留在乡村，形成稳定的人才队伍。

（6）创新人才激励机制。

乡村振兴人才培养最大的难点在于留人。没有长效的激励机制，很难使人才持续地服务乡村。这就需要设计有效的激励机制，按照人才的能力水平、岗位职责、目标要求等，提供不低于甚至高于市场的薪酬；对于有突出贡献的乡村振兴人才，可以考虑予以技术或行政职务晋升；也可以运用精神激励的方式，通过经验交流、模范评比、树立榜样等，使其获得更高的社会知名度。创新人才激励机制有利于激发人才的积极性和创造力，进而推进乡村振兴。

（7）建立人才服务体系。

乡村振兴人才培养还着眼于建立和完善人才服务支持体系。如在工作上为人才提供创新创业支持、职业发展指导；在生活上帮助人才解决生活难题，如解决住房、子女教育、个人医疗等方面的问题；在环境上为人才匹配合适的职业生态，让人才在乡村工作安心、生活顺心。

（8）推动人才资源整合。

所谓人力资源整合，是指通过一定的方法、手段、措施，重新组合和调整来自不同方面的人力资源队伍，建立一致的人力资源政策和制度，形成统一的文化和价值观，引导组织成员的个体目标向组织总体目标靠拢，从而取得个人与组织的共同发展。乡村振兴人才培养过程中，人才资源的整合是必不可少的。通过整合高校、科研院所、企业和政府等各方资源，建立人才共享机制，促进知识、技术、信息等资源在乡村之间的流动和共享。

3. 乡村振兴战略的人才需求

乡村振兴战略对人才的需求可以从不同的角度和领域进行分析，以下几点概述了乡村振兴战略中急需的人才类型和特质。

（1）农业技术人才。

农业技术人才需要具备较为完善的现代农业科学与工程的基础知识，掌握较为扎实的现代农业基本技能，能够从事农业领域的规划、生产、产品开发、技术推广，具有扎实的植物学、微生物学、动物学、农业气象学等的理论知识与实践技能。

（2）农村教育人才。

教师具有职业形象的准公共性和职业环境的相对封闭性，要求教师需要有教育思想素养、职业道德素养、知识素养、能力素养。作为农村教师，在此之上还应该有热爱教育事业、具备利他和奉献精神的特质。乡村振兴战略人才需求中的很大一部分是对农村教育人才的需求，因此需要培养和引进教育工作者，提升农村教育水平，推进农村教育改革，促进乡村青少年科学文化素养提高，培养乡村振兴的后备军和接班人。

（3）乡村医疗卫生人才。

乡村医疗卫生人才是乡村人民群众健康的守护者。有资质的乡村医疗卫生人才需要有良好的品行和职业道德，能够配合村委会制定基本卫保计划，能够对乡村群众进行健康教育，是基层医疗卫生的"多面手"。乡村振兴需要引进和培养医疗卫生人才，提供基本医疗服务和公共卫生服务，改善农村群众的健康状况。

（4）乡村产业经营管理人才。

乡村产业经营管理人才类似乡村的"首席执行官"（CEO），要求必须既懂农事，又懂技术，还要会经营管理。因此，乡村振兴人才需求中，需要多渠道培养现代农业经营管理人才，引入农业产业化经营、品牌建设等方面的专才，让乡村中此类能人多起来。

（5）农村社会服务人才。

农村社会工作有其特殊性，如农村社会结构以农村社会的家族制度和乡土文化为背景；农村的经济相对于城市发展较为薄弱；农村环境和资源相对城市较为有限等。农村的这种社会现实，使其对农村社会服务人才的需求极为迫切，对于乡村人才也有不同于城市工作的特殊要求。这些人才需要懂农业、爱农村、爱农民。因此培养高质量的农村社会服务人才，提高乡村社会服务质量和水平，满足老龄化社会的发展需要，是乡村振兴的现实需要。

（6）农村规划与建设人才。

乡村规划师是具有农村经济发展规划知识和技能的专业人员，他们既参与乡村决策、组织编制，也是最基层乡村愿景的采集者，同时还是规划实施的研究员、宣传员。建设美丽乡村，他们是重要支柱之一。这就涉及乡村规划设计、基础设施建设、环境治理等领域的工程技术与管理人才的培养，以推动乡村住房、交通、生态环境等方面的改善。

（7）乡村文化与旅游人才。

乡村文化和旅游具有乡土性、原生态性、文化传承性、互动性、可持续发展性等特点。培养乡村振兴人才，既要培养一批以非遗传承人、当地文化传播者为代表的"土秀才"，还要培养一批以返乡大学生、返乡务工人员为代表的"新农人"，才能使以乡土文化为根基的乡村旅游业和文化产业得以发展。

（8）新型职业农民。

新型职业农民是指那些有知识、有头脑，敢想事、能办事，将务农作为终身职业，拥有强烈职业认同感和归属感的农民。他们需要具备独立的经营管理能力，具备较高文化素养、农业技术，对生态环境和乡村社会有强烈责任感，或者从事生产经营，或者运用科学技术从事生产，或者作为农业服务型人才，在乡村经济社会发展中作出贡献。他们也是乡村振兴人才培养的目标。

（9）乡村治理相关人才。

乡村治理人才需要拥有良好的组织协调、团队协作、沟通交流能力，需要有开阔的视野、宽广的胸怀和极高的站位，能够为当地提供振兴解决方案，他们同时是推动乡村振兴的专门人才。他们需要有法治意识，能够聆听基层民意，擅长社会管理。乡村治理相关人才的需求是客观存在的。

（10）乡村创新创业人才。

乡村创新创业人才能够把乡村作为自己干事创业的舞台，敢想敢干又有法制意识，敢于冒险又能规避风险。乡村振兴应激励和引导农民及青年创新创业，支持农业科技创新和农村产业升级，培养一批具备创新思维和创业能力的青年人才，在乡村创新创业过程中既能够获得个人成功，还能够为乡村振兴起到示范效应。这些也是乡村振兴人才培养的目标所在。

（11）乡村生态环保人才。

乡村生态环保人才具备可持续发展理念，是掌握环境污染防治、监测与评价、规划与管理等方面的基本理论和技术，具有较广专业知识、较强实践能力，具备良好的人文素养，具有解决复杂环境治理问题能力和创新精神的应用型人才。他们需要满足乡村绿色发展和生态文明建设的需要，能够指导和实施农业生态保护和环境治理工作。这也是乡村振兴急需的人才。

（二）高校德育与乡村振兴人才需求的对接分析

高校德育即高等教育中的德育教育，其目的是在学生的思想道德建设、价值观塑造、品格培养等方面起到推动作用。而乡村振兴战略中对人才的需求不仅包括专业技能，还包括良好的职业道德、社会责任感和服务精神。因此，高校德育与乡村振兴人才需求之间的对接至关重要。

1. 价值观培养与服务意识提升

高校德育可以培育学生的社会主义核心价值观，强化他们的国家意识和民族自豪感，同时强调服务于社会、服务于人民的意识。对接乡村振兴中人才的精神需求，让学生明白在乡村振兴中建功立业的重要性，增强去农村工作的动力。社会主义核心价值观是当代中国精神的集中体现，凝聚着全体人民的共同价值追求，具有强大的规范和驱动功能，是我国现代教育的思想引领和各大教育政策的价值取向，同时也是检验教育改革效果的重要标杆。两者均以中华民族优秀传统文化为逻辑起点，注重人的价值追求，两者相互影响、相互作用，存在密切关联性，因此，将社会主义核心价值观融入高校大学生德育治理，有利于发掘社会主义核心价值观新的时代内涵，引导大学生坚定理想信念，规范自身行为与世界观、人生观、价值观，从而保障高校德育工作的切实展开。

2. 社会责任感强化

道德教育是培养大学生社会责任感的重要手段之一。教育者通过各种形式的课程、讲座、读书活动等，引导大学生认识社会责任感的重要性和必要性，加强道德素养的培养和教育，塑造大学生正确的价值观和道德观念，提高他们的社会责任感。通过德育教育，强化学生的社会责任感，使之认识到个人的发展与社会及国家利益的密切联系。该责任感驱使人才主动承担乡村振兴的历史任务，为乡村发展贡献自己的力量。

3. 职业道德教育

广义的职业道德是指从业人员在职业活动中应该遵循的行为准则，涵盖了从业人员与服务对象、职业与职工、职业与职业之间的关系。狭义的职业道德是指在一定职业活动中应遵循的、体现一定职业特征的、调整一定职业关系的职业行为准则和规范。不同职业的人员在特定的职业活动中形成了特殊的职业关系，包括职业主体与职业服务对象之间的关系、职业团体之间的关系、同一职业团体内部人与人之间的关系，以及职业劳动者、职业团体与国家之间的关系。升华职业道德教育，确保学生将来在各自岗位上遵守职业伦理，做到诚实守信、公正无私。乡村振兴工作中尤其需要这种拥有高尚职业道德的人才，来保持乡村的可持续发展。

4. 专业素养与道德素质并重

道德素质是职业素养中不可或缺的一部分。道德素质是指一个人在职场中所表现出的诚信、正直、责任感、尊重他人等方面的品质。在职场中，道德素质的高低直接影响一个人的人际关系、工作效果和职业发展。如果一个人缺乏基本的道德素质，很难获得同事和上级的信任与尊重，也无法在工作中获得更多的机会和更好的发展。在培养学生专业技能的同时，高校德育应注重学生的道德素养，坚持"德技并修"，以确保学生全面发展。乡村振兴不仅需要人才的专业素养，也需要他们在实际工作中体现高标准的道德素质。

5. 实践活动与农村实际相结合

农村社会实践活动，主要是指国内的一些学校或其他团体组织群众到农村或学农基地参与农村的社会生产、社会服务及社会调查，开展丰富的社会实践活动，特别是将学生引导至农村进行社会调研、志愿服务等，让学生亲身体会和了解农村的实际情况和需要。体验型学习有助于学生理解和共情乡村振兴中遇到的实际问题，增强解决问题的能力。

6. 团队协作与领导力的培养

领导力是指一个人通过影响他人的行为和思维来达成共同目标的能力，而团队协作则是指团队成员相互合作、共同努力以实现共同目标的能力。领导力不仅仅局限于组织层面，任何有领导能力的个人都有机会成为领导者。领导者能够通过鼓励团队成员发挥潜力，激发团队成员的创造力和动力，提供指导和支持来实现组织目标。高校德育环节中，应注重培养学生的团队协作意识和领导能力。在乡村振兴的各类项目和活动中，这些能力对于带领乡村人民共同发展具有重大的意义。

7. 持续学习和自我完善教育

培养自我学习与持续成长的习惯是一个长期的过程，需要明确学习目标、制定合理的学习计划、养成良好的学习习惯、寻求学习机会和挑战，并保持积极的学习态度。倡导终身学习、自我完善的理念，使学生明白学习是一个持续的过程。对于乡村振兴而言，人才只有不断地更新知识和技能，才能更好地适应和推动乡村的持续发展。

将德育教育与乡村振兴人才需求相结合，可以有效整合高校资源，培养更多具有社会责任感、服务意识和实际动手能力的优秀人才，为中国乡村振兴提供强有力的人才保障。

（三） 乡村振兴人才需求对高校德育的启示和调整要求

乡村振兴需要大量的专业人才来支撑。分析乡村振兴对人才的需求，作为高校德育教育工作者，笔者既得到启示，也感受到了高校德育教育遇到的挑战。

1. 乡村振兴人才需求对高校德育的启示

（1）培养学生的服务意识和社会责任感。

乡村振兴需要大量的服务人才，高校应该在德育教育中注重培养学生的服务意识和社会责任感，加强社会实践和志愿者活动。

（2）增进学生对乡村的了解。

高校德育教育应该加强学生与农村、乡镇的联系，通过参观、调研、实践等形式，深入了解乡村振兴的现状和需要，增强学生的乡村意识和乡村情感。

（3）提高学生的实践技能和工作能力。

乡村振兴需要具备实践技能和工作能力的专业人才，高校德育可以通过实践教学、创新创业、竞赛等方式提高学生的实践能力和工作能力。

（4）注重培养学生的创新精神和创业能力。

乡村振兴需要具备创新精神和创业能力的人才，高校德育可以通过课程设置、实践培训、创新创业平台等方式着力培养学生的创新精神和创业能力。

（5）加强跨学科、跨专业协作。

乡村振兴需要多元、协同的专业人才，高校德育可以通过跨学科、跨专业的协作教学、实践活动等方式加强学生的团队协作和沟通能力，培养跨领域的综合型人才。

（6）强化农业科技人才培养。

乡村振兴需要农业科技人才来推动农业现代化和农业技术创新，高校德育应该加大对农业科技人才的培养力度，培养学生的科学研究能力和创新意识，鼓励他们参与农业科技研究项目和实践。

（7）关注乡村文化传承与发展。

乡村振兴不仅需要经济发展，也需要保护和传承乡村文化。高校德育教育应该注重培养学生对乡村文化的认同和热爱，通过开设相关课程、组织文化交流活动等方式，促进乡村文化传承与发展，并培养乡村文化保护、传播与创新的人才。

（8）强化综合素质教育。

乡村振兴需要综合素质全面发展的人才，高校德育应该注重培养学生的领导能力、组织能力、沟通协调能力、创新能力等综合素质，通过开展社团活动、领导力培训、实践项目等方式提供机会让学生全面发展。

（9）加强创新创业教育。

乡村振兴需要具备创新创业能力的人才，高校德育可以通过创业教育、创业实践基地、创新创业竞赛等方式培养学生的创新创业精神和实践能力，鼓励和支持学生在乡村振兴领域中创办企业、开展创新项目。

（10）加强学生乡村德育实践教育。

高校德育可以与乡村振兴相关的部门、企业、组织建立合作关系，为学生提供乡村振兴领域的实践机会和实习机会，让学生能够在实践中了解和参与乡村振兴工作，为将来的就业和服务乡村振兴做好准备。

2. 乡村振兴人才需求对高校德育的调整要求

乡村振兴战略对人才的需求给高校德育工作带来了新的挑战，这要求高校德育在教育内容、教学模式、教学目标、教学评价方面做出调整。

（1）教育内容的调整。

长期以来，高校德育存在着教育内容理论水平高但不接地气、教师研究水平高但成果转化低的问题。针对乡村振兴战略对高校教育内容进行调整，要在乡村价值观和文化理解的教育、学生服务意识和社会责任感培育、实践能力和创新精神培养、职业道德和职业精神等方面做出调整，着重加强学生对乡村的理解和热爱，把服务乡村振兴当成当代大学生的时代使命，能自发产生服务乡村的责任意识。

（2）教学模式的调整。

在教学模式上，应实现理论教育与实践教育相结合，德育教育与专业教育相融合，兼顾教学模式的普适性与学生的差异性，强化家—校—乡村的联系，加大校政、校企、校村合作，把课堂从教室延伸到乡村，连结大学校园与乡村就业创业，强化校内机关与二级学院的协同、德育教育主管学院与二级学院的协同，搭建从德育到乡村振兴的平台和渠道。

（3）教学目标的调整。

以往的德育教育重在"育人为本，德育为先"，以培养具有较高职业素质和道德品质的高素质人才，这种培养方向总体思路是非常正确的，但目标相对抽象。以服务乡村振兴为根本目标，高校德育需要培养能够匹配乡村人才需求的人才，如培养学生的乡土情怀，以及团队协作能力、跨文化沟通能力、创新创业能力等，使他们能在乡村振兴项目中发挥更大的作用。

（4）教学评价的调整。

教学评价具有导向功能、诊断功能、调节功能、激励功能、管理功能和发展功能。导向功能是教学评价在课堂教学中发挥的"指挥棒"作用；诊断功能是指运用教学评价了解教学目标是否合适，学生学习是否卓有成效；调节功能是对教育教学活动进行调节；激励功能则是要使教师和教学对象形成一种良性互动；管理功能是发挥管理作用，促使教学对象顺利完成预定任务；发展功能是使教学着眼于学生长远发展。服务乡村振兴过程中，教学评价应随着教学内容、教学模式、教学目标的调整进行调整，如以过程性评价、实际服务乡村振兴成效、在乡村振兴上取得的荣誉、研究成果、扶持的企业、进行的服务等进行评价。

通过上述措施的实施，可以让高校德育更加密切地结合乡村振兴的实际需求，为培养能够支撑乡村振兴的复合型、应用型人才提供坚实的道德教育基础。

三、德治传统助力乡村振兴人才选用协同路径

（一）乡村德治传统与乡村带头人道德价值

乡村德治传统指的是一种古老并深深植根于中国农村社会的治理方式，强调依靠乡规民约、道德规范及公序良俗来维护农村社会秩序和促进农村社会和谐，主要侧重于守信、尚德、公平、诚信、亲爱、友善、协调、共赢等价值观念和行动方式，旨在培育村民间的社会信用体系和社会道德风尚。在这种传统中，道德被赋予了维系社区和促进公民行为的重要作用。它不仅强调个人德行，也着眼于集体利益和社会责任感。在乡村好人、好事多的地方，乡村德政的传统和文化已经深入人心。

作为乡村德治的表率，乡村带头人这种乡村集体中的领头人，包括村委会主任、村组长等，是乡村德治的践行者与示范者。他们也被称为农村社区领袖或村官，是乡村社区内具有较高威望和影响力的个体。乡村德治传统和乡村带头人道德价值在乡村振兴中具有重要的价值。

一方面，在乡村治理中，乡村德治可以从根本上改善农村社会文明程度，提升农村社会责任感，增强农村社会的文明水平和法治建设，也可以提高乡村治理的效率和公正性，避免矛盾和分歧发生；另一方面，在乡村发展中，乡村带头人作为乡村组织中的重要人物，可以发挥其政治和社会作用，指导推进农村集体经济、完善农村基础设施和社会体系建设；提高乡村组织的智慧技术，发现农村机遇，整合农村资源，带动农村产业的发展，为乡村的发展改革建言献策，并提供技术支持等。

作为乡村振兴的关键力量，乡村带头人的道德价值具有以下几方面的意义。

1. 示范作用

带头人通过诚实守信、公正廉洁的个人行为，为村民树立榜样，通过

示范引导乡村居民追随和模仿，形成整个社区的道德规范。乡村带头人必须是受到当地群众尊重的乡村贤人，他们品德高尚、为人正派、处事公道，热心扶贫济困、乐善好施，社会责任感强，他们可能是企业的负责人，可能是退休返乡的社会贤达，也可能是有较高社会威望的村民个体。

2. 凝聚力量

带头人作为道德的标杆，有助于调动群众积极性，凝聚群体力量，增强社区成员之间的团结和信任。农村经济能人，自身能力比较强，有知识、懂技术、会经营、善管理，是农村实用人才，有可能是木匠，也有可能是养殖能手，还有可能是民间艺人。

3. 冲突调解

乡村带头人在处理村内矛盾和冲突时，常以道德规范为依据，发挥调解和建议的作用，以维护村庄的和谐稳定。乡村带头人既是法制宣传员、法律咨询员，还是纠纷调解员、案件代理人等，是推进乡村依法治理、实现乡村振兴的重要力量。

4. 文化传承

在中国乡村社会中，带头人在维护和传承地方传统文化及良好风俗中发挥关键作用，特别是在道德教育和乡风文明建设中。通过乡村调研、走访、查阅文献资料等，深入了解乡村发展脉络、民俗民风、特色文化，做好乡村文化挖掘整理、总结提炼；强化乡村文化治理，推动乡村文明向上、向善。应发挥村民主观能动性，从需求侧激发村民文化传承动力。

5. 政策推广

带头人常作为政策的传播者和解释者，在推广国家政策、法律法规以及乡村建设项目等方面起到桥梁作用。他们能够辅助政策落实，能够在资源整合、融资渠道、税收减免申报、优惠政策申请等方面给予村民帮助，引导各类主体积极承担社会责任，为乡村振兴提供智力支持。

6. 改革创新

乡村带头人在乡村发展中扮演着推动者的角色，他们鼓励新思想的产生、实践新技术的应用，提高农业生产效率，增加农民收入，并通过正向引导确保创新发展方向不偏离社会主义核心价值观。这类人扎根于农村，他们的事业与当地农村发展、乡亲们的生活紧密联系在一起，他们有着艰苦创业、勤劳致富的品质，还有敢为人先、勇于创新的精神，他们也许是学成归来的学子，也有可能是愿意扎根农村创业的异乡人。

7. 教育培养

通过身教和言教，乡村带头人培养和塑造青少年的品德，传承中华民族传统美德，对未来农村建设者的价值观和道德观有着积极而深远的影响。坚持"扶智"与"扶技"相结合，加强对乡村振兴人才培养和教育的支持。他们尊重知识、追求新知，既愿意接触接受高学历人才系统教育，也对于农业作业过程中的培养培训持开放态度，有利于引导乡村好学向上的风气。

8. 环境保护

生态文化是生态文明体系的内核，是生态文明建设的灵魂。推进乡村生态环境治理须厚植生态文化。环境保护已经成为乡村振兴中的一项重要任务。乡村带头人在倡导绿色生活方式和实施可持续发展策略中起着关键作用，他们通过自己的实际行动来引领乡村社会的环境伦理。在农药使用、秸秆焚烧、地下水污染防治、美丽乡村建设中，能够以自己的影响力和号召力，起到良好的环境保护表率。在产业发展方面，可依托乡村良好生态环境资源，以"绿色、休闲、民俗、体验"为主题，重点发展休闲观光旅游农业，同时立足实际不断培育特色优势产业，将生态文化优势转变为乡村发展、农民增收优势。

9. 社会工作

乡村带头人在加强农村社会公共服务、关怀弱势群体、提升社会福利水平等方面积极贡献力量。他们的行为通常以满足社区成员的需求和利益为出发点，增强了乡村社会的凝聚力和公共关怀。社会工作专业力量参与乡村振兴的服务，内容包括参与乡村群众救助帮扶、参与群众急难急盼问题的解决、参与社区治理、参与本地区留守儿童关爱保护、针对其他特殊困难人群开展关爱服务等。

10. 维权引导

在乡村经济社会转型期，乡村带头人有责任帮助村民了解和维护自身的合法权益，正确引导村民按法律途径解决纠纷，维护法律权威和社会正义。他们既是致富带头人，同时又是法治带头人，在推进农村基层民主法制建设，提高农民法治素养，维护农民合法权益，预防和化解农村社会矛盾，在引导村民自觉学法、遵法、用法、守法的过程中，能起到很大作用。

11. 承担社会责任

乡村带头人通常能利用自己的资源和网络为乡村的发展吸引投资和项目，通过履行企业社会责任或促成社会公益活动，为乡村发展注入活力。提高乡村带头人的素质和能力，将直接影响他们在乡村振兴中的作用。

12. 网络传播与信息化

在互联网和信息化快速发展的当下，乡村带头人不仅利用传统的面对面交流方式，也利用网络平台来宣传乡村德治理念，为乡村文化建设和信息传播开辟新的渠道，利用信息化手段，推进数字赋能，增强其辐射带动力和市场竞争力。

因此，乡村带头人在维持和推进乡村德治传统方面具有不可或缺的作用，其道德价值直接影响乡村治理效果及乡村振兴的成败。随着现代社会的变迁，乡村带头人的角色和功能也在不断地适应新时代的要求，其在道德实践和价值引领方面的作用更加凸显。

（二）高校德育与乡村文明建设协同路径

高校德育与乡村文明建设之间存在潜在的协同路径，可以通过一系列有针对性的活动和机制来实现两者的有机结合。以下是一些可能的协同路径。

1. 知识共享

高校可以通过举办讲座、研讨会等形式，让学生了解乡村文明建设的重要性，倡导乡村文化的保护与传承。开设与乡村振兴相关的课程，将乡村文明建设作为课程内容的一部分，让学生了解国家的乡村振兴政策、乡村文化的重要价值。同时，高校教师和专家可以定期到乡村进行讲座，将现代科学知识和先进的文化理念带到乡村，提升乡村居民的文化素养和生活品质。高校可以定期组织师生前往乡村，进行文化传播和科技普及工作。比如，通过"农科进村入户"活动，学生和教师可以将农业新技术、新方法带到农户手中，同时，还可以组织乡村居民来高校参与开放日活动，体验校园文化，增进理解和交流。

2. 实践教学

高校可以把乡村作为实践教学的场所，让学生参与到乡村调研、乡村规划、环境保护项目等活动中，将理论知识与乡村实际问题相结合。设计与乡村振兴相关的实践课程，比如乡土历史、地理、文化的调查，涉农行业、产业的实习实践等，让学生亲身到乡村进行田间体验，了解农业生产真实情况，参与社区服务、乡村规划和治理，在解决实际问题中锻炼能力。以乡村作为案例教学的现场，如通过与乡村合作设立"实践基地"，为学生提供与真实环境相结合的学习机会。例如，建筑系学生参与乡村建筑设计，环境科学系学生参与乡村环境改善工程等。

3. 志愿服务

高校鼓励学生参与到社会服务中去，尤其是针对乡村地区的义工项目，如助学、卫生健康教育、乡村旅游开发等方面。高校可组织学生参与各类面向乡村的志愿服务活动，如教育支援、文化普及、健康宣教等项目，通过服务学习的方式，学生可亲身参与乡村发展，实践德育理念。激励学生参与乡村教育提升、卫生改善和文化活动策划等项目。例如，通过"支教活动"提升乡村儿童的教育质量，开展"卫生知识普及"活动改善乡村公共卫生环境等。

4. 校村合作

通过建立稳定的合作关系，高校与乡村可以互通有无，提供技术支撑和人力资源，促进乡村发展；乡村提出具体问题，高校确立培养方向，为实践教学搭建现实场景。高校与乡村建立长期合作关系，如"校村结对"项目，高校可依托自身专业优势，为乡村提供科技支持、教育培训和文化交流等方面的帮助，同时为学生提供实习实践的机会。建立长期的合作框架，与乡村共同规划发展战略，如合作建立现代农业示范区、园艺实验站等其他与农业生产直接相关的实践平台，不仅可以增强学生的实践能力，还能促进当地农业的现代化。

5. 课程开发

开发与乡村建设相关的课程，如乡村治理、农业科技、农村教育等，让学生在校期间就具备相关知识和技能。高校教育部门可以根据国家的战略需求和乡村振兴的实践要求开发相关课程，如乡村经济学、地方治理学、乡村旅游管理等，培养学生的实践能力和创新意识。结合乡村实际需要，开发互动课程和制定模块化教学方案，如乡村可持续发展、乡村旅游规划等课程，有助于学生在特定乡村社会文化环境下运用所学知识，完成针对性的项目。

6. 研究项目

高校可以设立针对乡村振兴的研究项目，鼓励师生围绕农业技术、乡村文化、社会治理等领域开展研究。高校可以设立以乡村振兴为主题的科研项目，邀请跨学科的师生团队参与，针对具体的乡村问题提出解决方案，推动产出理论与实践相结合的研究成果。强化与乡村振兴相关主题的学术研究，鼓励研究生和教师团队深入乡村，开展具有实际应用价值的研究，如农作物病害防治研究、乡村民居改造研究等。

7. 文化交流

组织文化交流活动，比如乡村文化节、传统节日庆典等，让学生体验并学习乡村的传统文化。可以举办乡村文化节、传统手工艺术展览、民俗演出等活动，创建互动平台，让学生亲身体验并参与到乡村文明建设中，从而增强对传统文化的认同和自豪感。发起与乡村居民的深入文化交流活动，如学生与村民共同参与传统节日的庆祝、共同编撰村史、一起参与乡村艺术创作等，有助于传承和发展乡村文化，同时增强学生的文化认同感和社会责任感。

8. 创新创业

激励学生将创新创业项目与乡村发展需求相结合，开发适合乡村的新型业态，如乡村电商、农产品深加工等。高校可以鼓励学生将自己的创新思维和创业计划与乡村振兴结合起来，如开发新型农产品、乡村电商等新兴业态，既为乡村经济发展注入活力，又为高校学子提供实际创业的平台。在高校中设立与乡村振兴相关的创新创业孵化平台，为学生的乡村创业项目提供资金、指导和资源对接等支持，帮助学生在乡村环境中实践创业想法，并为当地创造就业机会。

9. 专业服务

依托高校的专业特长，提供法律援助、心理咨询、技术培训等专业服务，提升乡村居民的生活质量和自我发展能力。高校可以利用自身的专业优势，组织专家教授下乡提供专业指导服务，解决乡村法律、心理健康、农业技术等方面的问题，提升乡村居民的整体素质。依托高校的人才和科研优势，制定定向培训计划，如提供法律援助、农业科技指导、医疗健康服务等，帮助乡村应对专业技能缺乏的问题，提高乡村居民的综合竞争能力。

通过这些协同路径，高校德育与乡村文明建设相互促进，高校可以充分发挥人才培养和专业研究的优势，而乡村则为学生提供了实践德育的平台，共同推进社会主义核心价值体系在乡村的有效落地。将高校德育和乡村文明建设结合起来，不仅有助于学生的全面发展，还能推动乡村振兴和社会文明的进步。高校与乡村的协同合作可以形成一种"双赢"模式，实现资源共享、互利共赢。高校在进行德育教育的过程中，通过对学生的影响，促进乡村文明建设的深入开展。

第四章

高校德育与乡村振兴人才选用协同机制的实践路径

当前，国内高校德育早已超越经验层面，建立起了完整的教育体系。但在适应新形势、开发新路径、服务新常态方面，还有大量的工作需要开展。乡村振兴关乎中华民族伟大复兴，是重大国家战略，乡村兴则国家兴，乡村衰则国家衰，乡村蕴含着无限希望与动能，形势越是复杂，乡村振兴越是重要。高校德育与乡村振兴的双向奔赴，是时代的要求，也是历史的必然。

一、高校德育与乡村振兴人才选用协同机制实践分析（以农业类为例）

（一）构建农业技术转移团队

高校可以组建农业技术转移团队，由农业专业教师和乡村工作人员组成。团队成员可以通过课堂教学和参与实地项目，提供农业技术咨询和培训服务，帮助农民改进种植、养殖技术，促进乡村农业的发展。例如，山西农业大学成立了农业技术转移团队，该团队由农业专业教师和当地农民组成。团队成员通过课堂教学、实地指导乡村工作，为农民提供农业技术咨询和培训服务。他们帮助农民改进种植、养殖技术，提高农产品的产量和质量。通过团队的协同合作，实现了高校教育资源与乡村农业发展的有效对接。①

（二）推进农业科研与实践结合

高校可以与当地农业企业、农民合作社等相关机构进行合作，共同开展农业科研项目。通过科研成果的转化和应用，实现高校的科技资源与乡村的农业生产需求的协同。这样的合作可以提高农业生产的效益和竞争力，同时也为高校教师和学生提供实践机会。云南古生村是一个位于洱海边上的两千年古村落，面临环境保护、农民增产等多重困难。2019 年，中国农业大学张福锁团队联合高校、科研院所、企业等 40 多家单位的 400 多位科技人员，开展"洱海科技大会战"。同时开展农业面源污染治理、农业生产结构调整、农民增收等多项工作。迄今，在生态保护方面，已实现农田氮磷排放减少 30% ~ 50%，入湖负荷减少 10% 的"351"目标。在建立现代农业生产模式、助农增收方面，实现亩产值万元以上。②

（三）开设农业生产与管理相关课程

高校可以针对农业领域的需求，开设专门的农业生产与管理课程。这些课程可以涵盖农业现代化技术、农产品市场开发、农村金融等方面的内容，培养有农业专业知识和实践能力的人才。例如，浙江大学农林经济管理专业开设了包括农业经济学、农村社会学、农产品国际贸易、农产品营销、农业与食品政策等在内的相关课程，涵盖了农产品加工、流通和营销等方面的内容。③ 学生通过学习和实践，掌握了农业生产与管理的知识和

① 段晓敏. 武志明与他的"坦克"团队［EB/OL］. 山西农业大学新闻网，2023 – 04 – 18，https: //news. sxau. edu. cn/info/1063/44590. htm.
② 周怀宗. 把课堂搬到田间地头 全国已建成 1800 多个科技小院［EB/OL］. 中国农业大学新闻网，2024 – 05 – 10，https: //news. cau. edu. cn/mtndnew/a5eb34431d7d4ede95af64e91121906f. htm.
③ 浙江大学本科招生网，https: //zdzsc. zju. edu. cn/2020/0526/c3467a2124387/page. htm.

技能。这些知识让他们在毕业后可以更好地服务于乡村振兴和农业发展。

（四）设立实习基地和实践项目

高校可以与乡村地区合作，设立农业实习基地和实践项目，为学生提供实习和实践的机会。通过与乡村农户和相关企业的合作，学生可以参与农业生产和管理活动，学习实践技能，增强乡村振兴的实践经验。例如，中国农业大学吴桥实验站是作物学等学科重要的校外试验研究及农学专业校外实践教学基地，由沧州市科技局、吴桥县政府和中国农业大学共同管理运行。实验站每年接待农学专业学生 90 余人开展专业实习，同时还承担中国农业大学有关专业的社会实践与调研，建立了一个农业实习基地。学生在基地里参与农业生产和管理活动，学习实践技能，同时为乡村农民提供技术支持。通过这样的实践项目，学生们加深了对农村实际情况的了解，并且学以致用，将所学知识应用到实际工作中。①

（五）建立农业人才培养基地

高校可以与地方政府、农业企业合作，建立农业人才培养基地。这些基地可以提供完备的培训设施和资源，为学生提供实践实习、创新创业的平台，培养专业化的农业人才。例如，河南农业大学与当地政府和农业企业合作，建立了一个农业人才培养基地。这个基地为学生提供了实习和创业的平台，通过实践项目和创新创业活动，培养了一批具备农业专业知识和实践能力的人才。②

（六）加强社会服务和农村教育

高校可以通过组织农村调研、开展乡村教育活动等方式，积极参与社

---

① 十大校级基地风采｜吴桥实验站大学生实习实践基地［EB/OL］. 中国农业大学官网，2020 – 01 – 08，https：//news. cau. edu. cn/art/2020/1/8/art_10867_660227. html.
② 赵倩男等. 河南农业大学：在田间地头服务农业发展［N］. 河南日报农村版，2021 – 07 – 27.

会服务和农村教育工作。通过开展社区志愿者活动、农村文化传承项目等，为农村地区提供教育支持和文化服务，促进农村社会发展。例如，安徽建筑大学从 2020 年起连续三年组织大学生"三下乡"活动，在活动中学生们积极参与社会实践、志愿服务、调查研究等活动，勘察村庄实际情况、了解乡镇居民需求，以专业知识助力乡村建设行动，把现代科学知识带到乡村，把所学、所思、所长运用在乡村。[①]

这些实践措施可以促进高校德育与乡村振兴人才选用协同机制的落地。通过高校与乡村的合作和协同，可以实现高校教育资源的共享和乡村发展需求的满足，推动乡村振兴的可持续发展。同时，这也为高校学生提供了更广阔的实践机会，培养了具备农业专业知识和实践能力的人才，为乡村振兴储备了新的生力军。

二、高校德育与乡村振兴人才选用协同机制实施原则

2018 年 6 月 14 日，习近平总书记在山东济南市章丘区双山街道三涧溪村考察时说，"乡村振兴，人才是关键。要积极培养本土人才，鼓励外出能人返乡创业，鼓励大学生村官扎根基层，为乡村振兴提供人才保障"[②]。

习近平总书记的一系列重要论述，为新时代青年人指明了在最基层扣好"第一粒扣子"的成才道路，为各级党组织确立了发挥组织优势引导青年人投身乡村振兴的工作目标。这些论述表明习近平总书记非常重视青年人才参与乡村振兴，鼓励青年人才深入农村，投身乡村振兴的实践，并为他们发展提供支持和引导。

高校服务乡村振兴在全国各地已经有了不少典型案例，虽然这些案例并没有形成机制，但也能带给我们一些在机制实施方面的原则性启示。

---

① 王海珣. 【万名大学生服务乡村振兴】建大学子深入乡村一线，开展暑期乡村志愿服务活动［EB/OL］. 安徽建筑大学官网，2022 – 07 – 19，https：//www.ahjzu.edu.cn/2022/0714/c21a198718/page.htm.

② 擘画乡村振兴"村官榜样"习近平对大学生村官如是说_新闻频道_［EB/OL］. 中国青年网，2018 – 06 – 19，http：//news.youth.cn/wztt/201806/t20180619_11646540.htm.

（一）以人才为引领的原则

产业振兴、人才振兴、文化振兴、生态振兴、组织振兴是乡村振兴的主体内容，因此，高校德育与乡村振兴人才选用协同机制构建，要围绕着乡村人才振兴，带动产业振兴、文化振兴、生态振兴、组织振兴。

1. 盘活乡村人才资源

人才振兴的根本是把人力资本开发放在首要位置，使人才与乡村的土地、资金形成互动，起到产业扶持、产业发展、产业汇聚的效果，进而带动乡村的生产作业方式、生产管理方式的转变，实现真正意义上的产业振兴。

2. 以人才带动文化振兴

以乡村优秀人才的带动，使乡村思想道德建设和公共文化建设得到提升，培育文明的家风、良好的乡风、淳朴的民风，形成特色乡土文化，提升农民的整体精神风貌，提高乡村的整体文明程度，焕发乡村的整体文明气象，实现真正意义上的文化振兴。

3. 以人才带动生态振兴

以乡村专业人才先进的理念，影响农民的思想观念，加强农村的生态环境建设，在营造整洁美好的村风村貌、绿色健康的生产方式、讲卫生爱清洁的生活方式等方面，实现质的提升，实现真正意义上的生态振兴。

4. 以人才带动组织振兴

以乡村政治素质过硬的人才引领，以"头雁带领群雁"的方式，建立健全基层党组织建设，强化基层党组织领导作用，提升乡村法治建设水平，打造负责任、有威信、靠得住、能战斗的乡村干部队伍，实现真正意义上的组织振兴。

（二）以公益为核心的原则

公益性原则是基于利他思维提供公共产品的原则，即接受公共产品的相关方不会因为接受这种公共产品而产生损失。协同机制的构建主体应保持公益心。协同机制建立的初心是服务乡村振兴，这个机制的相关各方应该心往一处想，劲往一处使。协同机制涉及的高校以及其他带有公共属性的组织，在各个环节上不应当存在私心，无论这个私心是攫取个人或组织的物质利益，还是为了牟取个人或组织的社会声望。

1. 高校的公益原则

教育从来都是带有公益属性的。高校德育与乡村振兴人才选用协同机制，初心是为了服务乡村振兴。高校发挥自身优势资源、科技加冕、师资加入、学生加成，共同为乡村振兴提供公共服务，真正为乡村振兴作出贡献，也能够创新学校思想道德教育手段。

2. 学生的公益原则

公益服务是对中华民族团结友爱、助人为乐、见义勇为、尊老爱幼等传统美德的继承和发扬，是社会主义时代精神的弘扬和体现。学生积极参与乡村振兴的理论学习和社会实践，也是在倡导社会新风、奉献自我、回报社会，能够在实践中锤炼意志品质、提高个人素质。高校在德育教育中，应该使学生逐步培养起这种利他思维，建立起公益意识，起到弘扬社会正能量的作用。

（三）以服务为宗旨的原则

服务是指为他人做事，并使他人从中受益的有偿或无偿活动，它不以实物形式而是以活动或行为的方式满足他人的需要。在乡村振兴人才选用机制的构建过程中，服务性则体现出无偿性和公益性。服务具有可感知性，被服务的一方对于服务品质的好坏是有发言权的。从管理学的角度来说，提供服务的一方需要做到以下几点：

1. 了解被服务方的需求

了解被服务方的需求是服务质量的先决条件。就乡村振兴人才选用机制来说，乡村需要哪一类型的人、有哪些需求需要被满足，应该是机制建立之前优先考虑的事项。

2. 执行做出的承诺

乡村振兴人才选用机制建立之后，针对被服务方，无论是乡村组织还是村民个体，都应该信守承诺，不断提高服务质量和效率。当这种选用机制不再适应乡村的发展需求时，要积极协调各方主体，及时调整机制运行模式，使其更好地服务乡村振兴。

3. 增强主动服务的意识

乡村振兴人才选用机制的主体应该对机制的运行有预见性，主动为接受服务的一方即乡村组织或个体提供服务。当接受服务的乡村组织或个体并没有察觉到其真正的需求时，机制主体应该主动帮助他们分析问题，挖掘出其真正的需求并加以满足。

4. 注重细节

细节决定成败。注重细节是提升乡村振兴人才选用机制运行质量的关键。机制主体如高校、地方政府或部门要站在接受服务一方的角度考虑问题，增加机制的适配度，提升服务乡村振兴的实际效果。

（四）以公正为基础的原则

在高校德育与乡村振兴人才选用协同机制的建设过程中，应在以下层面体现公正性原则。

1. 高校德育过程中的公正性原则

高校德育是通过道德教育手段，使学生把服务社会的要求内化成个人发展的需求，而不是通过强制性的手段，违背学生的发展意愿，遏制学生多元化的职业发展需求。分析高校这个教育主体和受教育者个体的不同定位，我们可以发现，高校可以主导教育行为，可以决定教育目标和方向，可以为实现这些教育目标采取相应教育措施；而受教育者处于相对弱势的地位，他们对于接受哪种教育，实现怎样的教育目标，选择权相对较小。因此，在高校德育与乡村振兴人才选用协同机制构建过程中，切忌使用"一刀切""道德绑架"的方式，使学生个人权益受损，这就违背了机制构建的初衷，也不符合程序正义。

2. 协同机制主体之间的公正性原则

高校德育与乡村振兴人才选用协同机制涉及多个主体，如高校、地方政府、基层组织、村民个体等。协同机制的顺畅运行，离不开相关各方的共同努力。如果只有一方或其中几方的努力，而另外的主体只做"壁上观"，协同机制就变成了"剃头挑子一头儿热"，必然会影响机制的运行。同样的道理，即便机制中的主体都有付出，但有的主体利益受损，而一方或其他几方受益过多，也影响机制的公正性。

3. 协同机制覆盖的公正性原则

大多数情况下，组织或个人都喜欢锦上添花，而不愿意雪中送炭。这是因为相对于雪中送炭，锦上添花有更多的确定性。于是在乡村振兴过程中，就出现了有的地域享受的资金、政策、宣传、扶持很多，而有些地域则受到忽视。在高校德育与乡村振兴人才选用协同机制的构建和运行过程中，应注意公正性地进行机制的运行和检验。实际上，特定场域的运行状况不一定具有普适性。在政策保障优良、资金充裕、产业基础较好的乡村产生的成果，不一定能充分检验机制的运行效果。反倒是在那些条件不够成熟的地区，机制设计是否科学、运行模式是否合理、规律总结是否全面，才能够得到真正的检验。

（五）保障参与权的原则

这里的参与权是指高校德育与乡村振兴人才选用协同机制的受体，即协同机制即将服务的一方，或者是乡村基层组织，或者是农民个体，所拥有的参与权。

1. 保障机制受体的建议权

高校德育与乡村振兴人才选用协同机制组建的目标就是服务乡村振兴、服务乡村振兴人才队伍建设。这种协同机制由哪些主体参与、以什么样的模式运行，机制的受体拥有提出建议的权利，因为他们比其他主体更了解自己需要什么样的人才，需要得到什么样的帮助。

2. 保障机制受体的评价权

相对于机制构建主体，或是第三方专家或评估机构，机制受体对于高校德育与乡村振兴人才选用协同机制运行效果是最有发言权的，毕竟他们才是最终接受机制服务的一方。这些机制产生的效果是好还是坏，运行渠道是畅通还是阻塞，是否真正起到了服务乡村振兴的作用，他们的评价对于机制设计的科学性有较高的参考价值。

3. 保障机制受体的监督权

高校德育与乡村振兴人才选用协同机制涉及多个主体，这些主体有他们的本职工作，对于该机制工作与本职工作之间精力的分配难免会出现冲突，导致机制运行过程中出现这样那样的问题，比如因为机制运行周期过长出现的不适应新情况，因为参与该机制构建或运行的人员流动而出现的责任断档等问题，这都需要机制受体的监督，才能使该机制得以健康、有序运行。

三、高校德育与乡村振兴人才选用协同机制实施路径

高校德育真正对乡村振兴人才选用协同机制作出贡献，需要从顶层战略、机制设计、明确需求、课程改革等路径实施。笔者将从理论和案例层面进行论述。

（一）制定战略规划

高校需要制定战略规划，明确高校德育与乡村振兴人才选用协同机制的目标和愿景。确定实施路径的前提是高校对乡村振兴的理解和承诺，并将其与高校的德育工作融合。具体步骤如下：

1. 确定目标和愿景

高校需要明确定义目标和愿景。例如，培养一支熟悉农业实践和乡村振兴的综合型人才队伍，为乡村振兴提供科技支撑和人力支持的目标。

2. 分析环境

高校应该分析当前的外部环境以及内部环境。例如，高校需要分析乡村振兴的政策导向、人才需求、社会预期以及高校自身的优势和短板等所在环境因素。

3. 制定计划

高校应该制定详细的计划，包括实施方式、措施和时间等。例如，高校需要将目标和愿景转化为可操作性的方案，包括课程设计、实践教育、导师培训等方面。

4. 执行和跟踪

高校应该贯彻实践、持续跟踪和不断调整实施计划。例如，高校应该

设立负责人，逐步推进计划的实践和实现，并定期检查、调整实施计划，以适应不断变化的环境。

（二）建立合作机制

高校与地方政府、农业企业、农村社区等相关机构建立合作机制。通过签订合作协议、成立专门的合作机构或委员会等方式，确保各方之间的密切沟通和紧密合作。

（1）确立合作主体。例如，高校可以与当地政府、农业企业、乡村社区等机构建立联系。

（2）协商合作方式。高校需要与合作主体商讨建立协同机制的具体方式。例如，高校可以与当地政府签订协议，共同支持乡村振兴工作。

（3）制定合作计划。高校需要制定详细的合作计划，包括合作领域、合作内容、合作方式等。例如，高校可以与农业企业合作，成立共同的研发中心，共同解决农业技术和管理等领域的问题。

（4）实施合作计划。高校需要执行合作计划并加强沟通。例如，高校应该建立联络窗口，及时反馈实施计划中出现的问题，并推进实施计划的有效执行。

（5）评估和调整。高校需要评估合作计划的执行效果，并根据实际需求和变化进行调整。例如，高校应该定期检查合作计划的实施进度，并依据实时需求和变化对合作计划进行改进。

（三）调研与需求评估

高校通过调研和需求评估，了解当地乡村发展现状和需求，确定适合的人才选用策略和培养方向。调研可以包括走访农村社区、与农业企业代表座谈、网络调查等方式，以全面获得基层需求的信息。深入了解当地乡村发展现状和需求，以确保选用的人才与实际需求相匹配。具体步骤如下：

（1）乡村调研。高校可以派遣专家团队或学生前往乡村地区进行深入调研。他们可以与农民座谈，考察当地农业产业、农村基础设施、农民生活等方面，了解乡村振兴的"瓶颈"和需求。

（2）数据分析。高校可以收集有关乡村发展的数据，如人口统计、农业产出、农村收入等。通过对数据的分析，高校可以更好地了解乡村现状，并对德育与乡村振兴人才选用的方向和重点进行明确。

（3）社区参与。高校可以与当地乡村社区建立合作关系，组织座谈会或工作坊，广泛征求乡村居民的意见和建议。他们是乡村振兴的直接受益者，了解他们的需求和期望对于制定合适的德育与选用机制至关重要。

（4）问卷调查。高校可以设计调研问卷，覆盖乡村居民、农业从业者以及相关机构的调查对象。通过问卷调查可以收集更广泛的意见和反馈，全面了解乡村振兴的现状和需求。

（5）竞争力分析。高校可以对人才市场进行竞争力分析，了解乡村振兴人才的需求和市场情况。这有助于确定选用人才的专业方向、培养重点和特长。

（四）课程设置改革

针对乡村振兴的需求，高校可以开设与农业、农村发展相关的专业课程。这些课程应涵盖乡村发展规划、农业现代化技术、农产品加工与营销等内容，培养具备专业知识和实践能力的乡村振兴人才。具体步骤如下：

（1）课程设计。高校可以根据乡村振兴的需求和实际情况，设定相关的专业课程。这些课程可以涵盖农业产业链、农产品加工与营销、乡村规划与管理等内容。

（2）教材编写。高校可以编写教材或参考其他权威教材，确保教学内容与乡村振兴的实际需求相符。教材可以包括理论知识、案例分析和实践操作等。

（3）第二课堂进乡村。高校可以组织学生进行乡村实践教学活动，加强实践操作能力和与乡村居民的互动。例如，组织学生参与农田耕作、农产品加工以及农民合作社的管理等活动。

（4）导师指导。高校可以安排专业导师对学生进行指导和辅导。导师可以提供行业经验和专业知识指导，帮助学生更好地理解乡村振兴的特点和挑战。

（5）课程内容更新。乡村振兴是一个不断发展和变化的过程，因此，高校应持续更新课程内容。高校可以与相关专家、从业者以及乡村振兴的实际需求方保持紧密联系，及时了解行业最新发展和挑战，对课程内容进行修订和更新。这有助于确保培养出来的人才能适应乡村振兴的变化和需求。

（6）考核评估。在课程开设的过程中，高校应建立科学的考核评估机制，对学生的学习成果和能力进行评价。通过考核评估，可以及时发现问题并针对性地进行改进，提升培养质量。

（7）与企业合作。高校可以与农业企业、农村产业合作组织制定联合培养方案，为学生提供实习、实训和就业机会。通过与企业合作，学生能够接触到实际的工作环境和项目，提升他们的实践能力和就业竞争力。

（8）校企研究合作。高校可以与企业开展合作研究项目，共同探索乡村振兴领域的前沿问题和解决方案。通过校企合作研究，高校可以提高教学质量和实践水平，为乡村振兴提供更具创新性和实际应用价值的人才。

总之，开设相关专业课程是高校德育与乡村振兴人才选用协同机制中的重要一环。通过针对性的课程设计和实践教学，高校能够培养出与乡村振兴需求相匹配的人才，为乡村振兴事业提供强有力的支持。

（五）项目推广和项目实训

高校可以组织实践教学活动，包括农村实习项目、农业技术示范、科研项目等。通过实践教学，学生获得与农村实际情况相结合的实践经验，提高实际操作能力。这些实践活动旨在为学生提供与乡村振兴实际情况接轨的机会，培养他们的实践能力并提升其综合素质。具体步骤包括：

（1）学生实践活动。高校可以组织学生参与农村实践活动，如农田耕作、农产品加工、农业科技服务等。通过亲身参与，学生能够了解乡村发展的实际情况，培养工作技能和实践能力。

（2）社会实践项目。高校可以与乡村社区合作，开展社会实践项目。例如，学生可以与农户合作，共同开展农业合作社的运营管理，或者参与乡村规划的研究和实施等。通过这些实践项目，学生可以深入了解乡村振兴的实际问题和挑战，并提出解决方案。

（3）实践教学环节设计。高校可以将实践教学作为课程设置的一部分，确保学生在课程中有实际操作和实践环节。例如，通过开设实训课程、实验课程、项目实践等方式，使学生能够在实践中学习和应用相关知识和技能。

（4）导师指导。高校可以安排专业导师对学生实践活动进行指导和辅导。导师可以提供实践指导，帮助学生融入实践环境，理解并解决实际问题。

（5）经验总结和分享。学生参与乡村实践后，高校可以组织学生进行经验总结和分享。他们可以撰写实践报告、展示实践成果，与其他同学分享经验和启示。这有助于促进学生之间的交流和学习，提高整体实践水平。

（六）培训和技术支持

高校可以开展培训和技术支持工作，为乡村居民、农业从业者提供相关培训和技术咨询服务。通过专门的培训课程、技术指导、技术推广等方式，加强与农村社区的联系，提高乡村振兴的实际效果。这一举措旨在通过收集反馈意见和进行评估，不断优化德育与乡村振兴人才选用协同机制。具体步骤如下：

（1）学生反馈。高校可以定期收集学生对德育与乡村振兴课程、实践活动和选用机制的反馈意见。通过开展问卷调查、座谈会或定期讨论，获得学生对课程设置、实践体验、导师指导等方面的意见，进一步改善和优化相关机制。

（2）教师反馈和评估。高校可以定期征求教师对德育与乡村振兴人才选用协同机制的评价和建议。教师能够从教学实践、学生表现等方面提供宝贵的意见，为改进和优化提供参考。

（3）行业与社会评估。高校可以邀请行业专家、相关政府机构和社会团体进行评估和反馈。他们可以从实际需求和行业发展的角度，对高校德育与乡村振兴人才选用协同机制进行评估，检验其有效性和可行性，并提供改进建议。这样能够确保德育与乡村振兴人才选用协同机制与实际需求紧密对接，并具备实际应用价值。

当然，评估的主体还应该包括实际使用人才的乡村村集体、合作社负责人、参与项目运营的农户等。根据学生、教师和社会、用人单位的反馈意见，高校可以对德育与乡村振兴人才选用协同机制进行改进和优化。例如，根据反馈意见调整课程设置、实践活动安排，优化导师指导方式等。通过持续的改进，能够不断提升选用机制的质量和效果。

（4）监测与评估。高校应建立起对德育与乡村振兴人才选用协同机制的监测和评估体系。要定期对机制的实施情况进行评估，了解机制的有效性和可行性，发现潜在问题并及时解决。通过建立反馈机制和评估体系，高校能够不断改进德育与乡村振兴人才选用协同机制，确保其与实际需求相匹配，培养出更具实践能力和综合素质的人才。同时，积极采纳来自学生、教师和社会各方的反馈和建议，促进高校与社会的有效互动和合作，共同推动乡村振兴事业的发展。

（七）跨界合作与创新

高校可以与其他学科领域的专家、学者，以及其他行业、产业的负责人等进行跨界合作与创新，开展农业科学研究、农业技术创新等。通过整合各方优势资源，为乡村振兴提供更多的创新思路和支持。这一举措旨在提升教师的专业素养和教学水平，以更好地开展德育与乡村振兴人才培养工作。具体步骤如下：

（1）教师培训与进修。高校应加强教师培训与进修，提升教师的学科知识水平和教学能力。特别是针对乡村振兴领域的教师，可以开展专业培训，使其了解最新的农业技术和乡村振兴政策，能够将最新的知识和实践经验传授给学生。

（2）专家指导和支持。高校可以邀请乡村振兴领域的专家和从业者担任教师顾问或兼职教师，为教师提供指导和支持。专家可以与教师共同探讨教学内容和方法，分享实践经验，并提供远程指导和辅导。这样可以引入实践经验和行业前沿知识，提升教师的教学水平和实践能力。

（3）团队合作与交流。高校应鼓励教师之间的团队合作和交流，促进彼此之间的学习和共享。通过组织定期的教学研讨会、学术交流会、课程评估会等活动，教师可以分享教学经验、教材资源、教学方法等，互相借鉴和提升。通过团队合作和交流，能够提高整个师资队伍的教学水平和能力。

（八）使评估与反馈机制常态化

高校需要建立评估和反馈机制，定期评估实施效果并向相关机构和社会公众进行报告和反馈，使之成为常态。通过评估与反馈机制，及时调整与优化实施路径，确保实施效果的可持续性。这一举措旨在加强高校与农业企业、乡村产业合作组织之间的合作关系，为学生提供实习、实训和就业机会，促进乡村振兴人才的培养和应用。具体步骤如下：

（1）实习与实训项目。高校可以与农业企业、乡村产业合作组织合作，为学生提供实习和实训的机会。学生可以到企业和合作组织实践，了解乡村振兴的实际情况和工作环境，锻炼实践能力和解决问题的能力。

（2）就业推荐与创业支持。高校可以与农业企业、乡村产业合作组织建立就业推荐和创业支持机制。通过与企业建立紧密联系，为学生提供就业机会和创业支持，帮助他们更好地融入乡村振兴事业，并实现个人的发展目标。

（3）校企合作项目。高校可以与企业开展合作研究项目，共同探索乡村振兴领域的前沿问题和解决方案。通过与企业合作，能够将实际的问题引入教学研究，提高教学质量和实践水平，培养学生解决实际问题的能力。

（4）产学研究和技术转移。高校可以积极开展农业科技与产学研究，并协助企业开展技术转移。通过产学研合作，高校可以将学术成果实际应用，促进科技成果转化和推广，为地方培育更多的产业人才。

（5）战略合作伙伴关系。高校可以与农业企业、乡村产业合作组织建立战略合作伙伴关系。通过与企业建立长期稳定的合作关系，能够推动教学和科研的深入融合，提高学生与教师的实际应用能力和整个社会的乡村振兴水平。加强高校与农业企业、乡村产业合作组织之间的合作关系，有利于推动德育与乡村振兴人才培养工作的深入开展，促进乡村振兴事业的繁荣和加快乡村现代化进程。同时，通过校企合作，高校的教学和科研能够更好地满足市场需求，实现产学研紧密结合，为更多的人才培养和经济发展奠定更加坚实的基础。

四、案例分析——成功经验和问题总结

我们收集了高校乡村振兴人才培养计划、创新创业人才培养计划、服务乡村技术人才培养计划，并就经验和问题做出了分析。

（一）某高校乡村振兴人才培养计划

背景：某高校位于市郊接近农村的地区，有着服务乡村振兴的良好地理条件，学校决定响应国家号召，通过搭建德育与乡村振兴人才选用协同机制，培养符合农村发展需求的人才。

1. 实施步骤

（1）需求分析与定位。学校与当地政府、农业企业及乡村产业合作组织开展沟通，了解当地乡村振兴的实际需求与方向。根据需求分析，学校确定德育与乡村振兴人才选用的定位，明确目标。

（2）课程设计与实践安排。学校根据乡村振兴的重点领域和实际需求，结合专业特色，设计了多样化的课程和实践活动。课程包括农村经济与管理、农业科技与创新、乡村规划与环境保护等。同时，安排学生到当地的农业企业、乡村合作社等实地实习，让学生亲身体验乡村振兴的实践工作。

（3）导师指导与辅导。学校设立专门的乡村振兴导师团队，由教师和

当地乡村振兴领域的专家组成。导师负责对学生进行指导和辅导，帮助学生更好地理解乡村振兴的理论和实践，指导学生在实践中发现问题并解决问题。

（4）实习与就业机会。学校与当地的农业企业、乡村产业合作组织建立合作关系，通过协议和合作协议，为学生提供实习和就业机会。学生在实习中积累了实际工作经验，了解了当地乡村振兴工作的需求，为未来就业或创业打下了坚实的基础。

（5）培养成果评估与反馈。学校定期对培养方案进行评估，收集学生、教师、企业和当地政府等相关方面的反馈意见。根据反馈意见进行调整和改进，持续提升培养方案的质量和效果。

2. 成功经验

（1）与企业和乡村产业合作组织建立了紧密合作关系，确保了培养方案与乡村振兴实际需求相匹配。

（2）设计了多样化的课程和实践活动，提供了全面的培养方案，一定程度上培养了学生的综合素质和实践能力。

（3）导师指导与辅导，引入了实践经验和行业前沿知识，促进学生的专业成长和实践能力的提升。

（4）与企业和乡村产业合作组织合作，为学生提供了实习和就业机会，将学习与实践有机结合。

（5）定期评估和反馈，持续改进培养方案，提高培养质量和效果。

这个案例中，该校充分利用了与当地政府、农业企业和乡村产业合作组织的合作，将学校的德育和乡村振兴人才选用工作与实际需求相结合。通过课程设计的多样性和实践安排的合理性，学生能够深入了解乡村振兴相关领域的知识和技能，并在实地实习中将理论与实践相结合。

学校注重导师的指导和辅导，为学生提供专业知识和实践经验的引导，帮助他们解决实际问题和提升实践能力。与企业和乡村产业合作组织的合作为学生提供了宝贵的实习和就业机会，让他们能够在实践中提升自己的专业能力和实际操作能力。

此外，定期的评估和反馈机制使得学校能够及时了解培养方案的效果和问题，并根据反馈意见进行相应的调整和改进。

总体而言，该校在德育与乡村振兴人才选用方面的成功经验在于充分利用地方资源和合作关系，注重实践与理论的结合，培养学生的专业能力和实践能力，并采用定期评估和反馈机制不断完善和优化培养方案。这些经验可以为其他高校在类似领域的人才培养工作提供借鉴和启示。

3. 存在的问题

（1）需求分析不够充分。学校与当地政府、农业企业及乡村产业合作组织进行沟通时，可能对当地乡村振兴的实际需求和方向了解不够充分。导致培养计划与实际需求之间存在一定的脱节。

（2）缺乏"一揽子"培养方案。课程设计和实践安排可能没有充分考虑乡村振兴的多个方面。可能过于注重某些领域或技能的培养，而忽视了其他重要的领域和能力，应注重软实力和硬实力平衡培养。

（3）导师指导不够个性化。虽然设立了乡村振兴导师团队，但在导师的指导和辅导方面存在个性化不足的问题。导致学生在解决实际问题时得不到足够的个性化支持和引导。

（4）就业机会不够多样化。与企业和乡村产业合作组织的合作关系可能过于依赖于少数几家企业，限制了学生的实习和就业机会的多样性。可能存在部分学生因为就业机会有限而面临就业压力较大的问题。

（5）评估和反馈机制的迭代性不够明确。虽然存在定期评估和反馈机制，但可能在对评估结果和反馈意见的迭代性利用方面不够明确。导致改进和调整的效果可能不够明显，培养方案改进的步伐较慢。

总之，这些问题需要学校在实施过程中不断总结和改进，以进一步提高德育与乡村振兴人才选用工作的质量和效果。

（二）某高校农村创新创业人才培养计划

背景：某高校为涉农专业学校，为了促进农村经济发展和乡村振兴，学校推出农村创新创业人才培养计划，以培养适应农村发展需求的创新创业人才。

1. 实施步骤

（1）创业教育课程。学校设计了一系列创业教育课程，包括商业计划书编写、创业管理、市场营销等。这些课程旨在提供学生创新创业所需的基础知识和技能。

（2）实践实训项目。学校与当地农业企业和合作社合作，为学生提供实践实训项目。学生在实际项目中参与农村创新创业活动，如农产品加工、农业科技研究等。通过实践锻炼，学生能够将创新创业理论应用到实际工作中。

（3）创业导师指导。学校邀请了一批有创业经验的导师，为学生提供创业指导和咨询服务。导师与学生进行个别或小组交流，帮助他们明确创业方向、解决问题、提供创业资源等。

（4）创业创新基地。学校在校园内设立了创业创新基地，为学生提供办公场所、实验室设备和其他资源支持。学生可以在基地内进行创业项目的孵化和发展，得到学校和企业的关注和支持。

（5）创业赛事与交流活动。学校组织创业赛事，为学生提供展示自己创业成果的平台。同时，学校还积极参与国内外的创业交流活动，帮助学生与其他优秀创业者交流和合作。

2. 成功经验

（1）结合课程教育与实践培训。学校将课程教育与实践培训相结合，培养学生的创新创业精神和实践能力。通过参与实际创业项目，学生能够更好地理解创新创业的挑战与机遇。

（2）导师指导与支持。学校邀请有创业经验的导师为学生提供个别指导和资源支持。导师与学生的交流和合作，有助于学生更好地规划和执行创业计划。

（3）创业基地的建设与支持。学校建立了创业基地，为学生提供工作场所和资源支持。这为学生提供了一个良好的创新创业环境，激发了学生的创业热情和活力。

（4）创业赛事和交流活动。学校组织创业赛事和交流活动，激发学生参与创新创业的热情，并为他们提供与其他创业者交流和合作的机会。通过这些成功经验，该高校在德育与乡村振兴人才选用领域建立了良好的与乡村振兴相关的人才培养模式和合作网络。这为学生提供了丰富的实践机会，培养了他们的创新思维和实际操作能力。

（5）社会资源整合。学校充分整合社会资源，与政府、企业和农村组织建立了广泛的合作关系。通过与各方合作，学校能够为学生提供更多的实习、就业和创业机会，提高他们的职业竞争力和适应能力。

该校在德育与乡村振兴人才选用方面的成功经验在于结合课程教育与实践培训、导师指导与支持、创业基地建设与支持、创业赛事和交流活动，以及社会资源整合。通过这些举措，学校为学生提供了全方位的创新创业培养环境，培养了学生的创业精神、实践能力和创新意识。这些经验对其他高校在德育与乡村振兴人才选用方面提供了有益的借鉴和启示。

3. 存在的问题

（1）实践与理论的平衡。尽管该校在培养创新创业人才方面采取了实践与理论相结合的方式，但可能需要更好地平衡两者之间的比重。确保学生既能获得创业理论知识，又能在实际项目中锻炼和应用这些知识。

（2）导师指导的个性化程度。虽然该高校为学生提供了创业导师的指导和支持，但可能需要更加重视导师指导的个性化程度。确保每个学生都能得到针对自身创业项目的有针对性的指导，充分发挥导师的作用。

（3）创业基地的规模和资源。该校在校园内设立了创业基地，但可能需要根据学生的需求和创业项目的规模，不断扩大和优化基地的规模和资源。确保学生能够得到充足的支持和资源，促进创业项目的顺利进行。

（4）创业赛事与交流活动的多样性。尽管该高校组织了创业赛事和交流活动，但可能需要在多样性方面进行进一步的改进。引入更多元化的创业赛事和交流活动，涵盖不同行业和领域，以满足学生的不同需求和兴趣。

（5）持续的社会资源整合。该高校在社会资源整合方面取得了一定成效，但需要确保整个整合工作的持续性。通过与政府、企业和农村组织的持续合作，保持资源的更新和扩展，为学生提供更多的实习、就业和创业机会。

总之，这些问题需要该校不断总结和改进，以进一步提高德育与乡村振兴人才选用工作的质量和效果。同时，其他高校也可以从这些问题中吸取教训，以提升自身在德育与乡村振兴人才培养方面的能力。

（三）某科技公司的服务乡村技术人才培养计划

背景：某科技公司是一家专注于人工智能、云计算和大数据等领域的公司，为了开拓广阔的农村市场，为智慧农业项目建立人才储备并提高员工能力，公司实行了全面的人才培养计划。

1. 实施步骤

（1）培训学习。公司为员工提供全面的培训和学习机会，包括内部和外部培训、在线学习、研讨会等。公司开拓了丰富的学习资源，并提供了灵活的学习方式，使员工可以随时随地获得所需的知识和技能。

（2）需求分析。公司派技术人员下沉到乡村，访谈农业种植大户、蔬菜种植大户、水果种植大户，了解他们在种植过程中的痛点和难点，使产品设计真正能够解决农民生产中存在的问题。

（3）导师指导。公司邀请了一批精通智慧农业的导师，为员工提供实际的指导和咨询服务。导师和员工进行个别或小组交流，帮助员工解决问题、提供技术支持、分享专业知识等。

（4）项目实习。公司鼓励员工参与对接乡村的农业智慧项目实习，通过实际的工作项目使员工了解产品的可操作性和存在的弱点，以使产品更好地迭代升级。公司还与外部客户合作，让员工在外部项目中积累实战经验。

（5）员工晋升和培训。公司制定了明确的员工晋升和培训计划，帮助员工规划和实现职业发展。公司为员工提供多样化的晋升途径和培训选项，包括技术培训、管理培训、海外培训等。

（6）合作与创新。公司鼓励员工之间的合作和创新，营造和创立了开放的工作氛围和团队文化。公司还设立了内部创新基金，资助员工的创新项目，并提供专业的创业指导和咨询服务。

2. 成功经验

（1）灵活的学习环境。公司提供了灵活的学习方式和丰富的培训资源，使员工可以随时随地获得所需的知识和技能。这有助于员工快速提升自身能力，符合科技领域快速变化的要求。

（2）客户需求调查。公司对农业种植户，同时也是他们产品的潜在客户进行调研，能够更好地使他们的产品匹配乡村智慧农业发展实际。

（3）导师指导和支持。公司邀请有经验的导师和专家为员工提供指导和咨询服务，帮助员工解决实际问题和提高技能水平。导师与员工的交流和合作，也有助于员工建立专业人脉和协作关系。

（4）实践和项目经验。公司鼓励员工参与实际项目，锻炼员工的实践能力和积累项目经验。这有助于员工更好地将理论知识应用到实际工作中，促进员工的职业发展。

（5）多样化的培训和晋升途径。公司制定了明确的员工培训和晋升计划，为员工提供多样化的培训和晋升途径。这有助于激励员工在不同领域实现自身职业发展目标，同时满足公司的人才需求。

（6）创新和合作。公司鼓励员工之间的合作和创新，营造和创立了开放的工作氛围和团队文化。公司还设立了内部创新基金，资助员工的创新项目，并提供专业的创业指导和咨询服务。这有助于激发员工的创造力和创新精神，提高公司的竞争力。

总结：该科技公司在人才培养方面的成功经验在于提供灵活的学习环境、导师指导和支持、项目实习、多样化的培训和晋升途径，以及鼓励创新和合作。通过这些举措，公司能够培养出具有技术和实践能力的优秀人才，并提高员工的创新意识和团队合作能力。其他公司可以借鉴这些经验，制定自己的人才培养计划，以提升员工的能力和创造力，推动企业的发展。

3. 存在的问题

（1）培训资源的把握。尽管该科技公司提供了全面的培训和学习机会，但需要确保培训资源的质量和更新性。确保培训内容与科技领域的最新发展保持同步，以满足员工的学习需求。

（2）就智慧农业这个发展方向来说，还有许多细分领域，公司只对种植业主进行了访谈，不利于产品研发的覆盖领域。

（3）导师指导的选择和配对。虽然该公司为员工提供导师指导和咨询服务，但可能需要更好地选择和配对导师。确保导师具有相关经验和专业知识，并与员工的职业发展目标相匹配。

（4）项目实习的规划与管理。公司鼓励员工参与项目实习，但可能需要更好地规划和管理实习项目。确保实习项目与员工的技能培养目标相吻合，并提供充足的支持和指导。

（5）培训与晋升计划的连贯性。公司制定了培训和晋升计划，但需要确保这些计划之间的连贯性和顺畅性。确保培训和晋升计划能够有效衔接，促进员工的职业发展。

（6）创新和合作的激励机制。公司鼓励员工的创新和合作，但可能需要建立更具激励性的机制。例如，设立更有吸引力的内部创新基金，提供更全面的创业指导和咨询服务，以激发员工的创造力和合作精神。

第五章

乡村振兴视域下高校德育功能定位及理论脉络

在乡村振兴的视域下，高校德育可以在人才培养协同上发挥作用，这就需要明确高校德育的功能定位，并明晰梳理其理论脉络。

一、乡村振兴视域下的高校德育目标定位与特点分析

（一）乡村振兴视域下的高校德育目标定位

在乡村振兴的背景下，高校德育目标的定位应当与国家的乡村振兴战略相契合，旨在培养学生的责任感、创新精神以及务实的工作作风，使其能够有效地促进农村经济发展、文化传承、生态保护、民主治理和社会稳定。具体来说，乡村振兴视域下的高校德育目标定位可以包括以下方面。

1. 培养爱国主义精神

爱国主义是千百年来传承下来的对祖国的一种最深厚的感情。它同为国奉献、对国家尽责紧紧地联系在一起。爱国主义是一种崇高的思想品德。中华民族的历史之所以悠久，是因为爱国主义作为一种精神支柱和精神财富，起了重要作用。爱国主义是一种深厚的感情，一种对于自己生长

的国土和民族所怀有的深切的依恋之情。这种感情在历史的长河中，经过千百年的凝聚，无数次的激发，最终被整个民族的社会心理所认同，升华为爱国意识，因而它又是一种道德力量，它对国家、民族的生存和发展具有不可估量的作用。

高校德育在培养爱国主义精神方面，应该定位在增强学生对国家身份的自豪感和民族属性的认同感，增强学生对国家和民族命运的责任感，激发学生的爱国情感和投身乡村振兴的热情。高校德育在学生心中种下爱国主义的种子，让他们理解到自己的成长和命运与国家的发展是紧密相连的。爱国主义教育旨在培养学生对国家历史、文化和社会制度的认同，强化学生对国家的忠诚，特别是培养年青一代愿意为了国家的乡村振兴而奉献自己力量的情感。

2. 弘扬社会主义核心价值观

核心价值观是一个国家的重要稳定器，能否构建具有强大感召力的核心价值观，关系社会和谐稳定，关系国家长治久安。2023 年 10 月，习近平总书记对宣传思想文化工作作出重要指示，强调"着力培育和践行社会主义核心价值观"①。这不仅彰显出社会主义核心价值观在宣传思想文化工作中的重要地位，更为新时代培育和践行社会主义核心价值观提供行动指南。高校德育要持续把培育和践行社会主义核心价值观作为凝魂聚气、强基固本的基础工程，深度融入社会发展各方面，使之转化为大学生的情感认同和行为习惯，凝聚强大奋进力量。我国以宪法为核心的社会主义法律体系是社会主义核心价值观的重要载体，以具有强制力的法律法规来规制和引导人们的行为操守，对于培育和践行社会主义核心价值观具有不可替代的重要作用。

将社会主义核心价值观融入高校德育的全过程，培育和践行富强、民

① 着力培育和践行社会主义核心价值观 ［EB/OL］. 人民论坛网，2024 - 01 - 28，http：//www. rmlt. com. cn/2024/0128/694091. shtml.

主、文明、和谐；自由、平等、公正、法治；爱国、敬业、诚信、友善的价值理念，指导学生在乡村发展过程中做出正确的道德选择。社会主义核心价值观是当代中国精神文明建设的灵魂，高校应通过道德课程、主题教育及各类文化活动，切实将这些价值观教育纳入学生日常学习和生活中，以此作为他们行动的准则。这将帮助他们在乡村振兴的实践中，作出符合社会主义现代化建设的道德判断和行为选择。

3. 树立服务社会的意识

服务意识是指企业全体员工在与一切企业利益相关的人或社会的交往中，体现出来的为他人或者组织提供热情、周到、主动服务的愿望和意识，即自觉主动做好服务工作的一种观念和愿望，是一种站在他人立场上思考问题，并利用自身资源为他人解决问题的本能。服务意识有着多维度的内涵，有强烈与淡漠之分，有主动与被动之分。这是认识程度问题，认识深刻就会有强烈的服务意识；有了强烈展现个人才华、体现人生价值的观念，就会有强烈的服务意识。有了以社会为家、热爱集体、无私奉献的风格和精神，就会有强烈的服务意识。

高校德育应强调大学生服务意识和社会责任感的培养，使学生意识到乡村振兴不仅仅是一项经济活动，更是一项社会服务，鼓励学生积极参与乡村建设，为改善乡村民生、推动乡村进步贡献自己的力量。通过社会实践和志愿服务等活动，高校要培养学生面向社会、服务民众的意识。在乡村振兴的大背景下，通过参与到真实的乡村发展项目中，学生可以实现知识与实践的结合，培养情感认同和将个人的成长与国家乡村振兴相结合的责任感。

4. 提升职业道德和职业素养

随着我国经济的发展和国家对高等教育的重视，高等教育规模进一步扩大，相当一部分大学生毕业后将直接跨入社会，开启自己的职业生涯。他们的职业道德和法律意识如何，直接关系到我国人力资源的总体素质，关系到国家和民族的未来。因此，如何在高校德育课实施过程中培养、提高学生的职业素养，促进学生全面发展，已经是一个亟待解决的问题。

高校德育应把职业道德教育纳入优先事项，培养学生的诚信、守法、公正和敬业精神，使其在从事乡村振兴相关工作时能够不断提升自己的职业素养和道德水准。高校需通过课堂教学与实践相结合的方式，加强学生的职业道德教育，教育学生在任何职位上都要恪守诚信、遵守法律法规，并以公正的态度对待工作中的每一个环节。特别是在乡村振兴的过程中，高标准的职业道德有助于团队的稳定，保障工作开展的连续性。

5. 促进农业农村知识的学习与实践

全面推进乡村振兴，实现农业农村现代化，关键在科技、在人才。把习近平总书记关于"三农"工作的重要论述作为涉农高校教书育人的重要内容，融入课堂教学，贯穿人才培养各环节，引导学生学农知农、爱农为农。加强和改进耕读教育，将相关课程纳入人才培养方案，作为涉农学科专业学生的必修课，加强"大国三农""耕读中国""生态中国"等农林特色通识教育课程体系建设，弘扬耕读传家优秀传统文化，发挥耕读教育树德、增智、强体、育美等综合性育人功能。将乡村振兴的知识与政策纳入德育内容，使学生了解农业农村发展的现状与挑战，培养科学农业发展的视角，并将这些知识转化为实践中的行动力。乡村振兴需要大量具备一定农业农村知识的人才。高校德育要鼓励学生了解国家的农业政策、农村经济、社会发展现状，以及农村文化特色等，通过实地考察、课题研究等方式将理论知识转化为解决实际问题的能力，为乡村振兴贡献自己的智慧和力量。

6. 强化学生的民族文化自信

文化是一个国家、一个民族的灵魂。文化兴则国运兴，文化强则民族强。文化自信是更基础、更广泛、更深厚的自信，是一个国家、一个民族发展中最基本、最深沉、最持久的力量。习近平总书记指出，没有高度的文化自信，没有文化的繁荣兴盛，就没有中华民族伟大复兴。① 中华优秀传统文化是中华文明的智慧结晶和精华所在，中华传统文化滋养着中华民族在新的历史条件下的新创造、新发展，坚定文化自信，就是走自己的路，走中国特色社会主义道路，走全面复兴之路。这是我们在世界文化激荡中站稳脚跟的根基。新时代新征程，必须坚持把马克思主义基本原理同中国具体实际、同中华优秀传统文化相结合，坚定中国特色社会主义文化自信，奋力谱写新时代中国特色社会主义新篇章。

高校通过德育教育加深学生对中国传统文化的了解和热爱，培养民族文化自信，使学生能够在振兴乡村的过程中，保护和传承优秀的传统文化，发展乡村特色文化。高校要通过课程和各种文化活动，引导学生学习和研究中国传统文化，帮助学生树立民族自信心，认识民族文化在乡村振兴中的重要作用。学生了解到传统文化的核心价值后，可在乡村振兴实践中保护和传承民族优秀文化遗产，增强文化自觉和文化自信。

7. 引导学生形成正确的环境伦理观

正确的环境伦理观是以人与自然、人与人、人与社会和谐共生、良性循环、全面发展、持续繁荣为基本宗旨的社会形态。生态文明，是人类文明发展的一个新的阶段，即工业文明之后的文明形态；生态文明是人类遵循人、自然、社会和谐发展这一客观规律而取得的物质与精神成果的总和。从人与自然和谐的角度来看，生态文明是人类为保护和建设美好生态环境而取得的物质成果、精神成果和制度成果的总和，是贯穿于经济建设、政治建设、文化建设、社会建设全过程和各方面的系统工程，反映了一个社会的文明进步状态。在乡村振兴中，生态保护与环境治理是重要内容。

高校德育应当教育学生树立起对自然的尊重和保护意识，引导他们在实际工作中坚持生态文明建设的原则。面对乡村发展过程中可能出现的生

---

① 没有文化的繁荣兴盛，就没有中华民族伟大复兴 [EB/OL]. 求是网，2023 - 09 - 23，ht-tp：//www. qstheory. cn/laigao/ycjx/2023 - 09/23/c_1129879645. htm.

态问题，高校德育需引导学生建立科学的环境伦理观，认识到生态保护的重要性。通过野外实习、环保项目等实践活动，培养学生的环境意识和可持续发展观念，为保护乡村自然环境作出贡献。

8. 倡导创新思维与创业精神

用"创新是第一动力"的观点看创新、看问题，必然要求树立强烈的创新意识，遇到问题自觉运用创新思维去开辟新思路、寻找新办法。对于增强创新意识，习近平总书记的要求也是一贯的。2013 年 7 月，在中国科学院考察工作时指出："要创新，就要有强烈的创新意识。"2014 年 5 月，在上海考察时提出："要进一步增强改革创新意识，敞开思想谋划新思路，放开手脚追求新突破。"2016 年 4 月，在主持召开知识分子、劳动模范、青年代表座谈会时强调："广大知识分子要增强创新意识，把握创新特点，遵循创新规律，既奇思妙想、'无中生有'，又兼收并蓄、博采众长。"2017 年 5 月，在视察海军机关时强调："要坚持创新驱动，抓住科技创新这个牛鼻子，强化创新意识，提高创新能力，激发创新活力，厚植创新潜力，为海军转型建设注入强大动力。"2020 年 9 月，在科学家座谈会上提出："注重培养学生创新意识和创新能力。"习近平总书记特别强调创新意识，是因为只有树立了强烈的创新意识，才会运用创新思维去创新。[①] 在乡村振兴事业中，需要广大青年运用创新思维想问题，运用创精神解决问题。

创新思维和创业精神是创新创业教育的一体两面，两者之间存在千丝万缕的联系。创新思维是指寻找新的解决问题的方法和新的想法，而创业精神则是指通过创造和发展新的商业机会来实现成功的精神。创业需要创新思维。创业者需要找到新的商业模式、产品或服务来满足市场需求，这需要他们具备创新思维来思考和解决问题。创新思维可以帮助创业者创造出与众不同的商业模式，以区别于竞争对手。创新思维促进创业精神的培

---

① 习近平总书记论创新思维［EB/OL］. 求是网，2023 – 08 – 09，http：// www. qstheory. cn/2023 – 08/09/c_1129795522. htm.

养，可以帮助创业者在面对挑战时找到更好解决问题的方法；创业精神反过来可以激发创新思维，使创新思维向不同高度、不同维度发散。实施创业行为需要勇气和冒险精神，创新思维可以激发人们的勇气和冒险精神，因为它要求人们离开安全区，冒险尝试新的想法和方法；创新思维需要良好的组织能力，创业者需要能够组织和管理资源来实现商业目标，良好的组织能力可以帮助创业者更好地实现创新思维。鼓励学生培养创新思维和创业精神，对于乡村经济的多元化发展和产业升级具有关键作用。

高校德育应当激励学生敢于探索新方法、新技术，勇于开创乡村发展的新途径。在快速发展的社会背景下，乡村振兴需要新的理念与方法。高校德育应当培养学生的创新意识和创业能力，鼓励学生勇于尝试和创新，支持他们在学习过程中开发新的产品、服务和业务模式，并将创新精神和创业精神应用到促进乡村经济和社会发展中。

归纳起来，在乡村振兴视域下，高校德育的目标定位涵盖了从增强爱国情感、弘扬核心价值观、提高社会服务意识到培养专业技能、创新创业能力等方面，旨在全方位培养能够积极参与乡村振兴的合格人才。通过这些目标的实现，可以为中国乡村振兴培养出具有高度责任感、创新能力和良好职业道德的人才队伍。通过这些德育目标的实现，高校不仅能够为乡村振兴提供具备必要德行和技能的人才，还能帮助学生形成全面的价值观和世界观，为乡村振兴奠定坚实的人文基础。

（二）乡村振兴视野下高校德育的特点

习近平总书记号召更多青年人才到基层和农村去，实现人才资源的优化配置，推动形成人才往高压力和薄弱链条流动的格局。党的十八大以来，习近平高度重视青年人到乡村一线建功立业，强调"人才振兴是乡村振兴的基础，要创新乡村人才工作体制机制，充分激发乡村现有人才活力，把更多城市人才引向乡村创新创业"[①]。

———————

① 习近平谈治国理政（第三卷）［M］. 北京：外文出版社，2020：261.

2018 年 11 月 1 日，习近平在主持中央政治局会议时的讲话中提到"要以乡村振兴战略为引领，深入实施乡村人才战略，吸引一批优秀的青年人才下农村、到基层""要引导和鼓励广大青年到农村、到乡村、到困难和边远地区去，投身到乡村振兴的实践中，让青年在艰苦创业中成长成才，坚守初心，增强担当，锤炼品格，培育报国的家国情怀和可贵品质"。①

2020 年 5 月 19 日，习近平在《学习时报》发表的文章《推动全面从严治党向纵深发展》中阐述"要加强青年人才在乡村振兴中的培养和引领，形成有利于青年人才下沉和拓展空间的体制机制、政策措施和工作环境"②。习近平指出："要打造一支政治过硬、适应新时代要求、具有领导农业强国建设能力的'三农'干部队伍"，"打造一支沉得下、留得住、能管用的乡村人才队伍"。大学生既是乡村振兴各类人才梯队的重要组成部分，也是全面推进乡村振兴、加快农业农村现代化进程的生力军，大学生参与乡村振兴，既有利于发挥大学生的聪明才智，在广阔的乡村建功立业，也有利于为乡村振兴提供强有力人才支撑。以人才振兴推动乡村振兴，就要强化政策激励，用好大学生人才，着力打造一支乡村振兴"主力军"和基层治理"先锋队"，引导青年干部和到村大学生在农村广阔天地大展才华、大显身手，为全面推进乡村振兴、加快建设农业强国提供人才保障。

实施乡村振兴战略，是党的十九大作出的重大决策部署，是全面建设社会主义现代化国家的重大历史任务，是新时代"三农"工作的总抓手。乡村振兴战略是中国国家战略的重要组成部分，针对这一背景下高校德育的特点，可以从以下几个方面进行分析。

1. 与国家战略紧密结合

德育内容与国家的乡村振兴战略紧密相连，重视培养学生对乡村振兴

---

① 罗旭. 让广大青年在乡村一线激扬青春［N］. 光明日报，2021 - 06 - 22.
② 习近平. 加快建设农业强国　推进农业农村现代化［J］. 新长征，2023（07）：4 - 11.

的认识，把握国家的发展方向和时代的要求。乡村振兴视野下的高校德育需要特别注重与国家战略的对接。这意味着更多的课程内容、讲座、研讨和活动都会围绕乡村振兴的政策、动向和理论进行设计。例如，德育课程会涵盖国家宏观政策的解读、乡村发展的历史和现状分析等，帮助学生更好地将个人发展与国家乡村振兴的大局结合起来，从而增强他们的使命感和责任感。

2. 注重实践性和应用性

青年人才应深入农村生活，切实解决农民群众面临的困难和问题。习近平总书记给中国农业大学科技小院的学生回信强调："你们在信中说，走进乡土中国深处，才深刻理解什么是实事求是、怎么去联系群众，青年人就要'自找苦吃'，说得很好。新时代中国青年就应该有这股精气神。党的二十大对建设农业强国作出部署，希望同学们志存高远、脚踏实地，把课堂学习和乡村实践紧密结合起来，厚植爱农情怀，练就兴农本领，在乡村振兴的大舞台上建功立业，为加快推进农业农村现代化、全面建设社会主义现代化国家贡献青春力量。"①

相较于传统的高校德育更强调书本知识，乡村振兴视野下的德育更加强调实践性，即通过社会实践、农村访学、参与乡村振兴项目等方式，使学生将德育知识应用于实践中，培养学生的实际动手能力和解决问题的能力。德育教学不再局限于理论知识传授，而是鼓励学生参与到真实的乡村振兴项目中，如通过下乡实习、参与农业科研项目等方式，将理论知识与实践相结合。这种方式不但能够增强学生对德育知识运用的深度和广度，还可以培养他们分析问题和解决问题的实际能力。

3. 强化服务和责任意识

在德育目标中，特别强调培养学生的服务意识和社会责任感。教育学

---

① 习近平给中国农业大学科技小院的同学们的回信［EB/OL］. 新华网，2023－05－03，ht-tp：//www. news. cn/politics/leaders/2023－05/03/c_1129586451. htm.

生要以积极的态度投入乡村建设，积极面对乡村发展中的问题，并承担起推动乡村振兴的责任。在德育过程中，教育者会特别强调培养学生的服务精神和社会责任感。教育学生应认识到自己的行动对社会、对乡村具有重要影响，应积极投身社会服务工作，比如通过志愿活动、社区服务等方式积极参与乡村公益事业，促进其正确的价值观和责任心的形成。

4. 多元化的德育内容和方法

德育内容不再限于思想政治理论内，而是涉及经济发展、法律法规、环境保护、科技创新等多方面的内容，采用讲座、研讨、实践活动等多样化的方法进行。高校德育内容的多元化表现在跨学科的整合和多样化的教学方法上。这包括专题讲座、案例研究、角色扮演、群体讨论等多种互动性和探索性的方法。同时，德育内容的拓展还包括农村法制教育、乡村治理、乡土文化保护等方面，为学生提供全面的价值观教育。

5. 注重农村实际与农业科技教育

教育学生不仅要关心国家大事，更要关注农业发展和农村问题。通过学习农业科技知识和参与农业相关项目，让学生了解乡村振兴的现实需求和未来趋势。这一特点要求德育要贴近农村实际，强化学生对农业知识的学习以及科技在农业中的应用。通过实验室实践、田间实习等形式，引导学生掌握现代农业技术，了解农业产业化的方向，增强解决农业生产具体问题的能力。

6. 文化自觉与文化传承

在德育过程中，应特别重视民族文化的传承，引导学生深入理解中国传统文化及其现代价值，利用和发展这些文化资源，致力于乡村的文化振兴。德育教育注重中华优秀传统文化的传承与创新利用。通过课堂讲授、节日庆典、传统技艺学习等方式，培养学生对传统文化的自信与自觉，将其应用于乡村旅游、文化产业发展等方面，助力乡村的文化振兴。

7. 生态文明理念的普及

结合乡村振兴战略中的生态保护政策，强化学生的环境保护意识。德育中应该包含生态文明建设的知识，培养学生的绿色发展观。为响应绿色发展的理念，高校德育特别强调生态文明和持续发展的教育。通过生态环境保护、生态农业等课程以及实地的生态实践活动，使学生意识到乡村振兴与生态环境的可持续性之间的紧密联系。

8. 培育创新与创业能力

传统的德育教育可能更侧重于遵守规范，而在乡村振兴背景下，德育教育还需要鼓励学生创新思考和创业实践，以适应乡村经济的发展需要。德育不仅仅是传授道德规范，还应当激发学生的创新思维与创业能力。通过创业教育、竞赛活动和创新实验室等平台，鼓励学生将创新的思维应用于乡村振兴，开发适合乡村规模的新产业、新途径。

9. 形成面向农村的人才培养机制

乡村振兴视野下的高校德育，应特别关注培养一部分学生成为具备农村工作愿景和能力的人才，为乡村振兴提供人才支撑。高校在德育中应特别关注如何培养学生的乡村情怀和实践能力，以便未来能够服务于农村地区，带动乡村经济的发展。这一点可能包括设置针对性的奖学金、实习基地、创新支持计划等，来吸引和激励学生投入乡村振兴工作。

10. 德育普及与专业相结合

高校德育应不仅面向所有专业的学生普及，使其了解乡村振兴的重要性，还应针对农学、农业工程等专业的学生提供更专业、深入的德育课程，培养具有专业技能的乡村振兴人才。普及乡村知识教育，确保每个学生对乡村振兴都有一定的了解和认识，而专业教育则更加深入。例如，农学、农业工程、乡村发展等专业的学生将接受更为深入的专业技能教育和实践，以期在乡村振兴的各个领域中作出专业的贡献。

综上所述，乡村振兴视野下的高校德育特点体现了服务国家战略、促进学生全面发展和满足农村实际需求的核心，其内容和方法也更加注重现实应用性和创新性。乡村振兴视野下的高校德育强调了与时俱进的教育内容和方法，结合国家战略和乡村实际，力求培养出能够适应乡村振兴需求的"多面手"型人才。借助这样的德育特点，学生不仅能够发展个人能力，还能够为乡村的全面进步作出实际贡献。

二、推动乡村振兴和高校德育协同机制创新的路径和方法

推动乡村振兴和高校德育协同机制创新，旨在更好地实现教育的社会服务功能，为乡村振兴培养合适的人才，并推进德育的现代化。

（一）推动高校德育与乡村振兴协同机制的创新路径

1. 建立政策支持机制

国家和地方政府需要出台相关政策，支持高校与乡村振兴紧密结合的德育工作，提供必要的财政资助、政策引导和实践平台。要切实落实好为农民而建、为农民而兴要求，深入基层、深入实际、深入群众，广泛依靠农民、教育引导农民、组织带动农民搞建设。充分发挥高校人才优势、技术优势、协作优势，用好地方政府政策支持优势，推动优势互补、互利共赢，共同推进乡村建设发展。政府可以制定针对性的政策，鼓励和引导高校参与乡村振兴，例如，提供财税优惠、项目资金支持、人才培养补贴等，确保高校的德育活动得到充分的资源支持。此外，还可以通过立法来确定高校参与乡村振兴的责任和角色，为相关工作提供稳定的政策背景。

2. 完善校内外协同培养机制

高校可以与乡村、企业和其他社会组织建立合作关系，共同设计德育

课程，提供乡村实习、实践的机会，使学生能在真实环境中学习和成长。明确学校、家庭、社会的育人职责，促进三方各展所长、优势互补，形成相互支持、相互促进的良性互动，切实形成育人合力。这是健全协同育人机制，推动教育高质量发展的关键。主导高校德育与乡村振兴协同机制研究的高校，应积极开展与其他高等院校、科研机构、专业团体的理论与实践研究合作，加强理论建设与专业人才培养，共同形成协同培养学生的机制，让学生在社会实践中发现问题、解决问题。这也能帮助学生将课堂理论与实践结合，将知识转化为解决乡村实际问题的能力。

3. 推动多学科交叉改革研究

促进交叉学科研究是世界高水平研究型大学的共同发展趋势与重要发展策略。近年来，随着我国高校"双一流"建设深入推进，国家政策层面对高校开展交叉学科研究的重视程度不断提升。高校要优化学科布局，打破传统学科专业之间的壁垒，突出学科交叉融合和协同创新，大力推进科研组织模式创新，强化组织创新，鼓励跨校、跨机构、跨学科开展高质量合作。交叉学科研究是交叉学科形成的基础，亦是交叉学科概念、理论和方法体系深化发展的必然路径。高校应建立多学科交叉的教学体系，结合农学、社会学、经济学、环境学等多个学科，为学生提供全面的乡村振兴知识。为了全面地应对乡村振兴的复杂问题，德育课程应跳出传统单一学科的范畴，整合社会科学、管理科学、自然科学等多个学科的知识和方法。这种跨学科的教学方式能为学生提供更加丰富的知识架构和思考角度。

4. 构建以学生为主体的实践平台

高校可以创建以学生为主体的社会实践和志愿服务平台，积极参与乡村建设项目，通过实际行动学习德育知识和技能。将实践育人作为落实立德树人根本任务的重要载体，社会实践育人是高校开展育人工作的有效载体和重要途径，着力推动习近平新时代中国特色社会主义思想在应用型高校育人过程中的有效实施，能够有效促进全方位、全过程、全员育人工作的质量提升，以培养符合国家经济发展的高素质复合型人才。让学生成为实践的主体，鼓励他们在教师指导下，自主设计实践内容，自主制定实践计划，自主进行实践团队管理，让社会实践由"自上而下"的任务，变成"自下而上"的兴趣。学生这种参与社会实践方式，是主动作为而不是被动接受，可以激发学生实践热情，极大提升社会实践的效果。例如，高校可支持学生自主策划和实施乡村振兴项目，通过社团活动、志愿服务等多种形式深入乡村，提升学生的实际操作能力和社会责任感。

5. 强化师资队伍建设

高校需要加强面向乡村振兴需求的师资队伍建设，为德育教育提供知识更新、方法创新和实践指导。教师管理体制机制应科学高效，实现教师队伍治理体系和治理能力现代化。教师主动适应信息化、人工智能等新技术变革，积极有效开展教育教学。要有一支理解乡村振兴、具备相关知识和实践经验的教师队伍，高校可以通过内部培训、外部引进等多种方式，强化教师对乡村实际问题的了解和教学能力的提升。

6. 推进课程内容与方法创新

更新德育课程内容，引入乡村振兴相关的案例、研究成果和问题讨论，采用翻转课堂、在线教育等现代教学手段，提高德育的实效性和吸引力。德育课程教学法虽然具有特殊性，但作为一门课程，同其他课程一样，在教育属性、教育目标、教学方法方面，一定程度上具有共性。从这个角度来说，德育课程研究既要遵循课程教学特色规律，又要遵循普通教学法的一般规律。因此，作为社会主义制度下的高校思想政治理论课程，要批判地继承和发展一般教学法的研究成果，探讨适合我国思想政治理论课程特点的教学方法论体系。德育课程应定期更新内容，引入生动的乡村振兴案例、采用问题驱动的教学方法，激发学生的学习兴趣和思考。还可以利用现代信息技术手段，比如在线课堂、微课程等，为学生提供更加便捷和多样化的学习方式。

7. 强化学生综合能力培养

个人综合能力是指一个人在多个方面具备的综合能力，包括但不限于知识储备、心理素质、社交技巧、身体素质、智力水平、情绪管理、逻辑思维能力等。这种综合能力是一个人取得成功和实现个人目标的重要因素，因为它能够为个人在不同情境下应对挑战和机遇提供多种支持和帮助。在德育中加入创新创业教育、领导力培养、公共管理等模块，培养学生的创新思维、项目管理和协调沟通能力。德育不应仅仅限于道德规范的教育，还应着重培养创新创业能力、决策分析能力和团队合作精神等。这些能力都是学生参与乡村振兴应具备的综合素质。

8. 搭建实时反馈与评价体系

建立起高校、学生和乡村三方的信息反馈和成效评价机制，及时了解德育项目的进展和效果，确保教育活动与乡村振兴需求紧密衔接。实时监控德育教育的成效，以及学生在乡村振兴活动中的表现，可以让教育者根据反馈调整教育内容和方法。同时，为学生提供及时的评价和指导，有助于他们更好地认识自身的进步和不足。

9. 推广案例和经验分享

将成功的德育实践案例和经验进行总结和分享，形成可推广的模式，鼓励更多高校和地区借鉴实施。总结德育和乡村振兴实践中的成功案例，并通过研讨会、研究报告等方式进行广泛传播，可以帮助其他高校和社区借鉴经验，有效推广成功的经验和经典的案例。

10. 关注农村人才回流机制

鼓励和支持通过德育培养的学生回到乡村，发挥所学技能和知识，推动乡村社会和经济的发展。通过设立特别奖学金、创业支持、职业发展规划等措施，激励和支持学生完成学业后回到农村工作，为乡村振兴贡献力量，同时解决农村人才短缺的问题。高等教育要致力于服务农村发展，要深化乡村与当地高校的合作，根据当地具体情况，高效设置乡村振兴所需的相关专业，培养农技推广人员，在其毕业后或经培训合格后，与其签订服务农村的合同，给予相应的人才引进补贴。另外，积极组织动员农业、科技和卫生等领域人才与志愿者定期到农村开展志愿服务活动，焕发乡村发展的勃勃生机。城市人才的引进不仅能促进乡村发展，而且能激发乡民主动学习的积极性，带动本乡本土人才积极建设家乡，筑巢引凤，使人才回流成为现实。

11. 加强科研与乡村振兴的结合

将高校的科研活动紧密联系到乡村振兴的课题和问题上，实现科研与社会服务的有效融合。产业振兴是乡村振兴的重中之重。大力发展乡村产业，加快推进农业高质量发展，一个重要抓手是推进科技与产业深度融合，促进农业产业结构优化升级，打造农业全产业链。培育农业科技龙头企业，引导农业的科技化转型。高新技术企业加快建立产业技术研究院等协同创新载体，探索产业同盟共享技术研发组织模式，重点打造一批创新能力高、市场竞争力强的农业科技龙头企业，充分发挥其"统"的职能，打破"散"的状态，引领行业集聚发展、带动产业升级。加速培育农村新兴特色产业，丰富农村新业态，尽快制定出台5G等高新科技农业应用补贴和优惠政策，鼓励社会资本、运营商、互联网企业等共同参与打造智慧农业示范区，让物联网、大数据、区块链、人工智能、5G等现代信息技术覆盖农业全产业链，进而实现农业生产的智能化。高校应鼓励科研人员将研究聚焦在乡村振兴上，对农业技术创新、农村社会治理、农村经济发展等方面进行深入探究，将科研成果转化为乡村发展的实际动力。

这些路径不仅可以帮助高校的德育工作与乡村振兴需求更好地对接，还能为乡村发展培养出更多适用、有用的人才。实现德育与服务国家战略的同步推进，对于促进学生全面发展和乡村全面振兴具有重要的意义。以上路径都需细致规划并持续优化，以确保能够有效地促进高校德育与乡村振兴的协同发展。

（二）推动高校德育与乡村振兴协同机制创新的方法

推动高校德育与乡村振兴协同机制创新，需要采取一系列系统性和创新性的方法，以充分发挥高校在乡村振兴中的重要作用。

1. 增强高校决策层对协同机制创新的认识

高校是人才的摇篮，应当在培养、输送乡村人才队伍方面发挥优势、承担责任。应确立"新农人"培养目标。这就要把"懂农业、爱农村、爱农民"确立为乡村人才队伍建设的育人目标。高校作为科技、人才和智力的聚集地，产学研用链条完备，必须充分发挥其在乡村振兴中的"思想库""信息库""人才库"作用。高校决策层和相关政府部门应充分认识到乡村振兴与高校德育协同发展的重要性，并形成顶层设计，制定具体支持政策和行动方案。这是基础性工作，要求校领导和政策制定者理解并认可德育与乡村振兴相结合的重要性。可以通过定期组织研讨会、报告、工作坊等来加深决策者对这一议题的理解。从政策层面提供明确支持和指导，创造有利的政策环境并提供资金支持，鼓励高校在德育中融入乡村振兴元素。

2. 建立长效合作平台

在高校与乡村振兴实践之间建立长期、稳定的合作机制。

（1）培育技术市场。加强对技术市场的开发与培育，地方政府可以支持建设农业科技贸易中心、农业科技成果交易中心等，使高校的科研成果能够在乡村获得落地的机会。

（2）探索多元技术交易模式。强化对多种形式技术市场的重视，解决技术单一、经营效率低下等多种问题。探索适当的研发技术交易方式，制定针对性管理方案，保障高校与企业的整体经济效益，使得科技成果转化工作顺利完成。

（3）建立公平公正公开的市场秩序。创新是社会发展的动力，保护创新就是保护发展。完善有关制度，统筹规划设计，推动技术市场与信息市场的对接，完善专利持有者的权益。

（4）保障资金扶持。根据有关政策，落实好科研资金的运用，优化各个环节工作的开展和高校科技转化资金的配置，合理利用高校科技资源，建立市场领域社会化服务体系，为高校科技成果转化提供更多帮助。比如设立乡村发展研究所、成立企业—高校—乡村合作实践基地等。这个平台的目的是促进校内外部门、地方政府、乡村社区及企业等多方利益相关者之间的持续合作。例如，高校可设立专门的机构来管理这种合作，以促进校企合作、社会实践等项目的顺利实施，并保证项目的长期稳定运行。

3. 数据信息共享和资源互联

积极搭建数据信息共享和资源互联的平台，集合高校、乡村、政府和非政府组织的数据资源，确保信息流动和资源共享，以便更好地协调行动并发挥各自优势。

（1）通过平台展开教育培训。通过多种形式有序推进高校企业、医院、附属中小学、幼儿园等与乡村衔接，为乡镇医务工作者、各级教师提供多样化的定点进修、培训等机会。

（2）开拓市场渠道和融资通道。广泛整合高校"校友圈"力量，协助做好基本公共服务县域统筹，为乡村拓宽市场渠道和融资通道，以高校为中心构建"校、社、企—乡村"的深度协作体系。

（3）提供畅通的信息交流。通过构建信息共享平台，如在线数据库或协作网络，集中各方资源和数据，提供开放和透明的信息交流平台。这有助于优化资源分配、提高工作效率，并能够让所有参与方实时了解项目进展和需求。

4. 课程改革创新

高等教育人才培养要坚持服务国家战略需求的总体目标，以就业市场需求和学生个性化发展需求为导向，加强涉农高校专业体系建设，鼓励综合性高校在专业设置上适当向乡村倾斜、向基层倾斜。

（1）鼓励学生参与科研和实践。建立乡村创业产业孵化机构，加强涉农类创新创业教育，鼓励学生关注乡村经济社会发展状况，将科研任务与社会实践相结合，深入乡村社会开展创新创业实践。

（2）完善多元化的评价体系。推行多元化教学评价体系改革，将实践成果有效转化为衡量学生个人能力的标准。

（3）鼓励学生选修专门涉农课程。在德育课程设计中加入乡村振兴内容，如开设专门的选修课程、实践项目，让学生有机会深入了解乡村发展的现状、问题和需求。

5. 实践教学与项目联动

将课程教学与乡村振兴项目相结合，开设实践课程，鼓励学生参与到实际的乡村工作中，通过服务学习增强德育效果。

（1）挖掘劳动教育资源。高校应深入挖掘乡村振兴的劳动教育资源，丰富拓展劳动教育形式，鼓励学生结合学科专业开展生产劳动和服务性劳动，培育学生到艰苦地区工作的奋斗精神、服务意识和奉献精神。

（2）理论联系实际，促进教育教学与乡村振兴实践结合，组织学生通过社会调研、实地学习、志愿服务等途径走进乡村社会，了解乡情民情，熟悉乡土文化，把乡村振兴有机融入人才培养全过程。将理论与实践结合起来，鼓励教师组织学生参与到现实的乡村振兴项目中。比如，可以作为课程项目的一部分，让学生去乡村实地调研、参与规划和实施，这既是对学生德育的实践，也能够为乡村振兴带去新的视角和力量。

6. 跨学科协作

跨学科研究是科学方法讨论的热点之一。跨学科的目的主要在于通过超越以往分门别类的研究方式，实现对问题的整合性研究。国际上比较有前景的新兴学科大多具有跨学科性质。就其深刻性而言，跨学科研究本身也体现了当代科学探索的一种新范式。

跨学科协作与跨学科研究类似，只是前者着眼于打破学科壁垒的理论研究，而后者着眼于在打破学科壁垒的基础上，在实践上验证并升华理论。

（1）组建跨学科背景的团队。鼓励和支持不同学科之间的合作，形成融合农业、经济、社会学、教育及其他领域的综合性项目团队，从而以多元化视角解决乡村问题。促进农学、经济学、社会学、管理学等不同学科之间的合作，形成具有综合视野的优秀团队，针对乡村振兴中遇到的复杂问题提出具有创新性的解决方案。

（2）在专业教学中融入涉农内容。专业教学深度嵌入乡村振兴也有利于强化学科建设，加强涉农学科与其他专业的融合，培养交叉专业人才，在专业融合中开拓农业发展新领域。通过专业课程教育，高校可以推动青年学生参与乡村建设，提升基层乡村就业意愿，助力乡村振兴。

（3）创新涉农跨学科协作学术活动组织形式。常态化开展学术沙龙，打造高端小型学术活动品牌。创新学术活动组织形式，强化与地方党委政府的联合协作，促进学术年会、主题论坛、调研课题成果的转化与应用。

7. 推动教师和学生共同参与

习近平强调青年人才要坚守初心、增强担当，并呼吁各级组织和相关方面加强组织领导，制定具体目标，全面推动乡村振兴。他同时指出青年人才应该为乡村振兴、民族团结进步和中国特色社会主义事业作出积极贡献。《中共中央　国务院关于做好 2023 年全面推进乡村振兴重点工作的意见》根据新时代"三农"工作的要求，指出要"实施乡村振兴巾帼行动、青年人才开发行动"。习近平总书记在新时代推动东北全面振兴座谈会上强调，要"加强人力资源开发利用，加大人才振兴的政策支持力度，打造更多创业创新平台"①。可见，实现乡村振兴，凝聚一批有知识、有见识的青年人才至关重要。各级各部门应响应习近平总书记号召，坚持以习近平新时代中国特色社会主义思想为指导，全面推进乡村振兴工作，着力打造乡村振兴人才强劲引擎。

高校作为智力、技术、管理知识的传承者和创新者，汇聚了大量高素质人才，具有培养人才的重要作用。

（1）教师或科研人员进乡村。高校教师和科研人员具有更高的威望和更好的公信力，有利于新技术、新应用的推广。高校通过推动教师和科研人员深入乡村实地指导农民进行生产经营，既可以推广培育新品种，提高农业科技水平，又可以协助乡村建立专业合作社，推进现代化农业的整体发展。

（2）面向当地人才开展培训。高校充分利用职业教育培训等途径，搭建校地合作平台，根据农村实际情况编制教材、制定教育方案，对农村技术人员、新型职业农民等生产经营主体开展常态化教育培训，为不断提升农民素质和能力起到积极作用。

（3）提升乡村教育质量。乡村学校有地区教育资源优势、小班教育优势、创新空间优势。乡村青年教师要善于深入挖掘和充分利用乡村教育优势，积极投身乡村教育振兴，促进乡村学校优质发展。高校德育教师也应帮助乡村青年教师勇于探索、积极探索、科学探索乡村教育资源优势，充分利用小规模班级、个体化关注更充分的教育优势，共同提高乡村教育教学质量。

（4）学生进入教师实践研究团队。教师除了在理论课堂上进行教学外，还应当作为指导者参与到乡村振兴项目中，带领学生一起完成研究或实践。教师除了在传授理论知识外，还应为学生参与到具体的乡村振兴项目中提供指导，这样可以确保学生的实践活动在正确的方向上进行，并确

---

① 韩喜平，蒋磊. 以人才高地赋能全面振兴［EB/OL］. 中国共产党新闻网，2023 – 10 – 22，http：//theory. people. com. cn/n1/2023/1022/c40531 – 40100641. html.

保学生能够在实践中学到真正的知识和技能。

8. 制定激励政策

对于积极参与乡村振兴项目的高校、教师和学生，提供必要的激励，如学术积分、论文发表、奖学金、职称评价等方面的倾斜。对于那些积极参与的个人和单位，提出激励措施，比如课程学分、科研加分、材料成本补贴或奖学金等，以此来鼓励更多的师生参与乡村振兴工作。高校应鼓励学生走向农村、走向基层，树立正确就业观；定期开展毕业生基层就业调研工作，加强毕业生基层就业的提前筛选。通过常态化、规范性的基层实习，加强高校对乡村振兴的实际支持，为毕业生群体实际感知乡村工作、生活提供通道，确保真正愿意在基层工作的学生有机会参加基层就业的考试。

9. 多样化评价机制

实施多元化的评价机制，考核学生的德育成效时，除了理论学习成绩外，还要评价其参与乡村振兴实践的表现和贡献。创新学生德育评价方法，不仅要看他们的理论学习成果，还要检视他们在乡村实践中的表现和所取得的成果。比如可以通过项目报告、反思日记、服务成果展示等不同的方式来进行评价。乡村是高校立德树人和思政教育的重要场域，在推进高校课程改革过程中，有条件也有必要继续探索嵌入乡村振兴的育人模式，传承脱贫攻坚精神，将高校课堂延伸到广袤的田野上。在搭建育人载体、丰富育人资源、创新育人方式上下功夫，实现课堂教学与社会实践相结合、思政教育与高校帮扶相统一，持续提升育人成效。

10. 进行经验总结与传播

定期总结乡村振兴过程中的案例和经验，通过研讨会、出版物、网络平台等多种途径传播，促进成功模式的复制和推广。定期总结在乡村振兴中获得的经验教训，并通过发表研究论文、编辑案例集、举办研讨会、制作影像资料等形式进行传播，让更多的人能够了解和学习这些经验和方法。

综上所述，推动乡村振兴与高校德育协同机制的创新需要多方面、多层次的努力。这些方法不是单独运行的，而是需要协同并整合在一起，方能发挥最大的效益。这些方法均需兼顾实际情况和现实挑战，通过不断试错和调整，找到最适合本校本地区的协同发展方式。这不仅能为乡村振兴注入新的活力，也能够提高德育教育的实践性，更好发挥社会服务的功能。

三、高校德育实践对乡村振兴的启示

乡村振兴是中华民族实现"两个一百年"奋斗目标的重要组成部分，是解决当前我国社会主要矛盾的有效途径之一。乡村振兴战略的实施，将成为改变当下中国农村落后面貌的转折点。乡村振兴战略的目的，是从根本上确立乡村不可替代的价值和地位，也为农村的长治久安和稳定发展奠定坚实的基础。凝聚青年人才是在农村现代化步伐加快的背景下，破解农村现代化治理能力落后的关键所在。

青年人才是促进农村物质文明和精神文明"双升级"的主力军。实现乡村振兴，必须依靠农业科学技术引领。青年人才有助于为传统农业的发展注入科技活力；在推进农业现代化的过程中，青年人才能够为农业发展提供专业技术支持和科学管理模式。

高校德育实践案例分析能够为乡村振兴战略提供人才培养和道德教化的参考。以下是德育实践案例可能给乡村振兴带来的一些启示。

（一）服务学习与责任培养

德育实践中的服务学习项目，如学生参与乡村支教、乡村文化建设、农业科技推广等，不仅加强了学生的道德感与责任感，同时也使学生能够体验到乡村振兴的实践过程，了解农村的实际需求，为乡村振兴培养有实践经验、有服务意识的人才。在德育实践中，高校可以组织学生参与到乡

村振兴项目中，如农业技术的推广、乡村教育与卫生服务以及乡村文化活动的组织与参与等。这些服务学习项目不仅引导学生将所学知识应用于实际，也培养了他们的社会责任感和志愿精神。学生在帮助解决农村实际问题的过程中，能够深入理解乡村振兴的意义与挑战，从而在未来更有可能成为促进和参与乡村振兴的重要力量。

（二）实践与创新相结合

通过高校的相关课程设计，将德育融入乡村振兴相关的实践活动中，鼓励学生将所学知识应用到农业生产、乡村治理、农村文化保护与传承等方面，这样的实践能提升学生创新思维能力，为乡村振兴提供新思路和新方法。通过设计与乡村振兴相关的课程与项目，鼓励学生将创新思维融入乡村发展中。比如，可以引导学生研究并应用新型农业技术，或在农村文化传承中融入现代元素。学生在实践中的创新尝试有助于推动乡村经济的转型升级，同时这种创新意识和能力的培养也符合当代高等教育培养全面发展人才的要求。

（三）紧密结合地方特色

德育实践中注重地方文化、历史的教学和传承，可以增强学生对本土文化的认同和自豪感，使学生能够更好地理解乡村振兴中保护传统文化的重要性，激发学生为乡村文化振兴贡献力量。德育实践必须注重地方文化的传承与发展。乡村振兴不仅包括经济的提升，还包括文化的保护和传播。鼓励学生学习和了解当地语言、艺术、历史和社会习俗等，可以激发学生的自豪感和归属感，并推动他们成为乡村文化的保护者和传播者。这种文化的自觉保护对于维护乡村文化多样性和促进文化可持续发展具有重要作用。

（四）强调社会实践与反思

高校德育案例强调学生在社会实践活动中的体验与反思。在乡村振兴项目中进行的实践活动，应引导学生思考其对当地经济社会发展的影响，从而提升学生的批判性思维能力，对于解决乡村振兴过程中的实际问题具有积极意义。创设机会让学生在乡村振兴实践活动中进行深入体验，并在活动后进行反思。学生通过亲身经历可以更实际地感受到乡村问题，并通过反思活动挖掘问题的根源以及和社会、经济的联系，增强解决复杂问题的能力。这种批判性思维是解决农村实际问题并推进乡村振兴的关键。

（五）倡导志愿服务精神

德育案例中的志愿服务活动，如扶贫帮困、环境保护等，对于培养学生的奉献精神、合作精神以及社会责任感具有重要作用。这些品质对于乡村振兴至关重要，志愿服务经验让学生更愿意在未来参与到乡村建设中。德育可以培养学生的志愿服务精神，使他们愿意主动参与到乡村振兴中。志愿服务活动有助于学生建立团队合作能力、社区参与意识和公共福祉理念。学生通过这些活动可以在帮助他人的同时，也发展自己的能力，培养出积极参加乡村建设的长久动力。

（六）着眼于品德与能力双重提升

德育不仅仅关注道德层面的教育，还应当结合专业知识和技能的培养。在乡村振兴中，需要的不仅是道德模范，还需要实际能够推动发展的专业人才和技术支撑。高校德育应该平衡品德教育与专业知识和技能的培养。在乡村振兴中，我们不仅需要道德操守高尚的个体，更需要能够运用专业知识实际解决问题的专业人才。德育实践应该着眼于培养学生的职业道德以及实际工作中所需的专业技能，这样才能为乡村振兴提供有力的人才支持。

通过德育实践的分析能够让高校教育工作者更好地理解如何通过德育活动为乡村振兴战略培养需要的人才，同时也能够让学生在实践中增强社会责任感，为未来的乡村振兴工作做好准备。通过这样的德育实践案例分析与反思，高校能够更有效地为乡村振兴提供支持，培养学生成为具备道德素质与专业素养的复合型人才，这是高等教育服务国家战略、推动社会发展的重要路径。

四、构建乡村振兴视野下的高校德育理论脉络的展望与思考

乡村振兴视野下构建高校德育理论脉络，要求以我国乡村振兴战略为背景，结合高校教育的实际情况，全面促进学生德智体美劳全面发展。以下是对该领域未来的展望和思考。

（一）整合资源，丰富乡村振兴教育内容

德育理论构建需要深入挖掘乡村文化、经济、社会等方面的教育资源，形成与乡村振兴相关的课程和项目，使德育教育内容与国家战略紧密结合。高校应开发包含乡村振兴理念的课程，如农业发展史、乡村治理、农业经济、乡村文化等，以此提升学生对乡村振兴的理解和认识。在构建乡村振兴视野下的高校德育理论脉络时，首先需要重视教育内容的设计，这意味着要整合教育资源，创设与乡村振兴紧密相关的课程和体验活动。具体的做法可能包括以下几个方面。

1. 课程设计与开发

开设与乡村振兴相关的课程，例如农业科学、乡村经济管理、农村社会学、乡村教育学、农村公共卫生等。这些课程不仅传授农业与乡村知识，也包含对农业政策、乡村治理等现代社会问题的探讨。

2. 跨学科课程体系建设

以乡村振兴为主题，搭建跨学科课程体系，如结合经济学、管理学、法学、教育学、文化学等多个学科视角分析和解决乡村振兴中的问题。这样的跨学科学习有助于学生全面理解乡村振兴战略的复杂性和综合性。

3. 实践教学与实验室建设

在现有农业科技园、现代农业实验室的基础上，创建更多实践教学平台，让学生在实际操作中学会解决问题。实验室和实践基地的建设应与地方农业及乡村经济的实际需求紧密结合。

4. 资源共享与合作

与地方政府、农业企业和乡村社区建立合作关系。这种合作可以帮助学校获得更多实践资源，同时为学生提供实地观察和研究乡村振兴的机会。

5. 国家战略教育

在德育教育中注入国家战略理念，通过讲座、研讨会等方式，邀请从事乡村振兴领域的专家、领导，以及优秀企业家来校分享经验，提高学生对国家战略的认知和理解。

这些措施能够帮助学生建立正确的乡村观念和价值观，理解乡村振兴的重要性，同时培养其服务乡村振兴的意识和能力。通过这种教育内容的重视和资源的整合，可以使德育理论脉络与国家战略紧密联系，更好地服务于学生的成长和乡村的发展需求。

（二）培养学生的问题意识和责任感

高校德育应注重引导学生关注乡村发展问题，通过讨论、研究等形式增强他们对存在问题的敏感性和责任感，以及想要为乡村振兴作出贡献的内驱力。在实践活动中，学生应被鼓励识别问题、分析问题并提出解决方案，这有利于他们养成积极主动参与社会实践的态度。在乡村振兴视域下，德育不仅是传授知识和信息，更重要的是激发学生的问题意识和社会责任感，使其成为积极参与乡村振兴的有为青年。以下是几个可以采取的具体策略。

1. 案例教学与讨论

使用具体的乡村振兴案例进行教学。这些案例可以来自实际的乡村发展成功故事，也可以是乡村面临的现实挑战。通过对案例的讨论和分析，学生能够了解乡村面临的实际问题，学会分析问题、批判性思考和解决问题。

2. 话题讲座

开设专门的课程或系列讲座，介绍乡村振兴的背景、策略和意义等，提高学生对乡村振兴战略的整体认识。这些课程和讲座可以邀请具有一线经验的村官、农业企业家、农村工作者等来进行经验分享，刺激学生思考如何实际参与到乡村振兴中去。

3. 社会实践活动

鼓励和指导学生参与到社会实践中，比如"三下乡"服务、农村调研、参与乡村规划设计、志愿服务等。在实践中，学生能够直接面对乡村问题，锻炼他们的实际操作能力，培养他们分析和解决问题的能力，同时增强他们的社会责任感和服务意识。

4. 问题导向的项目学习

设计一些问题导向的项目，让学生小组在教师的指导下，围绕乡村振兴中的某个问题或话题进行深入的探讨和研究。通过这种方式，学生不仅可以学会团队合作，还能学习项目管理并经历实际解决问题的过程。

5. 思想道德教育

强化思想道德教育，把乡村振兴的理念和价值观融入思想政治课程、主题班会等教育过程中。通过这些形式，教育学生了解乡村振兴对国家和民族的重要性，激发他们服务社会、奉献乡村的精神。

培养学生的问题意识和责任感是一个长期的、不断深化的过程，需要教育者有针对性地设计教育活动，引导学生从认识问题、关心问题向主动解决问题的转变，并在这个过程中内化为他们的责任感和使命感。通过这种方式，高校德育理论建构不仅有助于学生个人能力的提升，也对乡村振兴实际工作的开展产生积极的推动作用。

（三）多样化德育教育设计

德育不应局限于课堂理论教学，而应通过志愿服务、社会实践、创新创业等多元化方式，培育学生的实践能力和社会责任感。例如，通过"三下乡"（文化下乡、科技下乡、医疗下乡）等活动，学生能够深入农村，亲身体验并参与乡村的实际工作，提高个人素质和专业技能。在构建乡村振兴视野下的高校德育理论脉络中，多维度德育路径的开拓旨在通过各种途径和手段，培养学生全面的德育素质，以适应和推进乡村振兴战略的实施。

1. 文化德育

高校可以开展丰富多彩的文化教育活动，传承和弘扬优秀传统文化，例如通过组织传统节日庆典活动、非物质文化遗产的体验和学习等。这样的活动有助于学生理解和认同乡村文化的价值，从而激发他们对乡村振兴的文化自信和文化责任。

2. 生态德育

倡导绿色环保的理念，通过实施生态教育，让学生参与到环境保护的实践中，例如开展绿色植树活动、生态保护区的志愿服务等。通过这些活动，学生可以亲身体验和认识到生态文明建设对乡村振兴的重要性。

3. 法制德育

加强学生的法制教育，举办法律知识讲座，模拟法庭等，提高学生的法律意识和法治观念。在了解国家乡村振兴相关政策和法律法规的基础上，学生能够更加明确自己作为公民在乡村振兴过程中的权利和义务。

4. 职业道德教育

进行职业道德教育，特别是对于农业相关专业的学生，教育他们了解农业职业的社会价值，树立正确的职业观和职业道德。通过模拟实习、职场体验等方式，培养学生的职业素养和责任感。

5. 网络德育

在网络日益普及的今天，网络德育越来越重要。高校可以利用网络平台，开展线上德育教育，如网上道德讲堂、线上志愿服务等，培养学生正确的网络行为规范和网络利用意识。

6. 身心德育

注重学生身心健康的培养，通过体育健身、心理健康教育等，促进学生身心全面发展。一个健康的身心状态是执行和推进乡村振兴任务的重要前提。

这些德育教育设计有助于学生形成全面、多元发展的品质，让他们在具备专业知识和技能的同时，也具备参与乡村振兴所需的全方位素质和能力。透过这样的路径，能够更好地促进德育工作与乡村振兴实践的有效结合，实现学生成长成才与服务国家战略需求的有机统一。

（四）强化品德与专业技能双重培养

乡村振兴要求德才兼备的复合型人才。高校德育理论应关注学生职业道德的培养，同时强化他们对专业知识和操作技能的学习，确保在推动个人全面发展的同时，学生能够为乡村振兴提供专业支持。现实中实施乡村振兴战略，既需要强烈的道德担当，也离不开专业的技术支持。为此，高校德育工作必须强化品德教育与专业技能教育的双重培养，确保学生能够在乡村振兴中扮演积极的角色。在这方面的具体做法包括：

1. 整合课程设置

课程整合是为了形成最优化的课程横向结构。课程整合指的不仅是课程内容之间的整合，还包括学习内容与学生经验的整合、学习内容与学习方式的整合。在课程设置中融入品德教育和专业技能教育的内容，实现两者的有机结合。比如，将乡村振兴相关的法律法规、道德规范融入专业课程中，让学生在学习专业知识的同时，也能增强社会责任感和道德意识。

2. 实践教学相结合

推进理论教学与实践教学深度融合，就是要防止理论教学与实践教学相脱节，出现"两张皮"现象，解决理论脱离实际问题，真正做到理论联系实际，理论教学时运用实践案例，实践教学时有理论支撑，把实践经验总结上升为理论，在理论指导下深化实践，构建课堂教学—学术活动—科学实验—生产实习—工程实训—社会实践"六元结构"的理论教学与实践教学相融合的课程体系、教材体系、教学体系和评价体系。充分利用社会实践活动，将理论学习与实践应用相结合。通过让学生参与乡村建设的项目、实习实训等，让他们在实际操作中加深对专业知识的理解，并在实践中锻炼品德。

3. 强化师资队伍建设

师资队伍是德育和专业教育的关键，强化师资队伍建设，选拔和培养一批对乡村振兴有深刻理解和丰富经验的教师，以身作则，用自己的言行影响学生，成为专业知识传授和品格教育的典范。探索建立人力资源动态优化配置机制，科学核定各单位教师队伍总量，并根据学科建设需要进行动态调整，加大对马克思主义理论学科以及相关重点建设学科群、基础学科、新兴交叉学科等的支持。修订系列人才工程实施办法，进一步明确人才发展定位、规范引进程序、提高人才待遇、强化聘期考核，不断增强引才、聚才、育才能力。大力实施科技领军人才、名师、青年英才等人才工程，着力构建层次分明、引育并举、专兼结合、衔接有力的人才工程体系；同时，通过外聘知名学者、项目制聘任退休专家等形式，多层次、多渠道延揽人才，不断充实教育教学队伍。

4. 校企合作深化教学

通过建立校企合作，促进产教融合，让学生在企业中通过工学结合、实习与实训等方式，体验真实的职场环境，提升他们的专业技能和职业道德素质。加强校地合作，构建"政府+大学+产业园（合作社）+小农户"的产业振兴路径。高校应整合科研力量，鼓励专家团队作为主力军，精准对接科研项目与乡村产业，搭建科学研究平台，破解"瓶颈"制约，补齐要素短板，助力推动乡村全产业链改造升级，为乡村富农产业振兴赋能。校办科技企业作为科学技术转化的有效途径，通过企业盈利的方式填补科技成果产业化阶段的资金缺口，最大化发挥校办企业的作用。由于校办企业开展过程中会受到多种因素影响，还会出现生产型企业困难的情况，需要得到高校的重视，充分发挥自身的优势，将资金用到人才培养与科技成果转化工作上。除此之外，要强化对科技立法的重视，保障高校科技成果转化工作的顺利进行，建立知识产权保护体系，避免出现大批次仿品。针对侵权现象，需要追究工作人员刑事责任，为高校科技成果转化工作提供更多帮助，促进科技转化工作有序进行。

5. 评价体系的改革

在教育中，学生评价是一个十分基本而又不容忽视的过程。对学生进行准确的评价，既可以体现出学生在当前学习过程中的发展状况，又可以帮助教师对自己的教育教学策略进行相应的调整。从整体上看，对学生进行科学评价，可以取得较好的促进学习的成效，对于培养符合新时代需要的高素质人才具有重要的指导意义。改革学生评价体系，既要评价学生的学术成就，也要评价其品德表现，确保品德教育与专业技能培养受到同等重视。构建良好育人生态、提升人才培养质量永远在路上。随着社会经济和高等教育的快速发展，学生全面评价改革必须顺应新时代发展大势，在改革中提升，在实践中完善，把学生评价改革核心理念融入教育教学和日常管理全过程，为大学生成长成才打造"量身定做"的科学评价体系，助力学校人才培养质量持续提升。

通过以上措施，高校能够培养出既具备良好品德素养，又具备专业技能的复合型人才，这对于实现乡村振兴具有重要作用。学生不仅能够为乡村振兴提供智力支持和实践操作，也能够将正确的价值观和道德标准带入乡村社会，对促进乡村经济和文化的全面发展产生积极影响。

（五）持续研究与动态调整

高校德育的理论与实践应该是动态发展的，研究方向需要根据乡村振兴的新变化和新要求不断调整。学校应定期核查德育成果，并根据社会发展和民生需求的变化，调整德育内容和方法，确保德育工作始终走在时代发展的前沿。在构建乡村振兴视野下的高校德育理论脉络中，持续的研究与动态调整是至关重要的一环。随着乡村振兴战略的实践和发展，高校德育理论和实践需要不断地与时俱进，适应新的挑战和变革。

1. 研究乡村振兴需求

高校应加强对乡村振兴战略的研究，深入了解国家和社会对乡村振兴所需的人才和培养要求，掌握乡村振兴实践中的问题和趋势。这样能够使高校的德育工作更具针对性和实效性，培养与乡村振兴需求相匹配的专业人才。

2. 调整德育教育内容

随着时代的发展、社会的变革，高校应不断调整和完善德育教育内容。在乡村振兴的视野下，注重培养学生的社会责任感、创新精神、团队合作能力等品质。同时，也要重视乡村文化振兴和可持续发展的智慧，使德育教育内容与时代紧密相连。

3. 借鉴成功案例和经验

高校应对乡村振兴实践中的成功案例进行深入研究，借鉴其取得成功的经验和做法。通过与有关部门和乡村振兴示范区开展合作，促进学校与社会的紧密结合，为高校德育工作提供宝贵的参考和指导。

4. 建立反馈机制

高校需要建立德育工作的反馈机制，定期进行评估和调查，了解学生和社会对德育教育效果的评价，并根据评估结果及时调整实施方案。通过与学生、教师、社会相关方面的交流与反馈，积极地探索先进的教育技术，高校可以将德育工作不断提升到更高的层次。

5. 跨学科研究与合作

乡村振兴需要多学科的知识和多领域的专家参与，高校可以加强学科之间的协同合作，推动跨学科研究和教育，提供解决乡村问题的创新思路和方案。通过跨学科研究和合作，可以不断拓展德育理论的边界，提供更多元化、更深入的视角。

持续的研究与动态调整是高校德育工作能够与时俱进并与乡村振兴战略紧密结合的关键。通过持续的努力，高校可以为乡村振兴提供更多有力的支持。同时，也能够不断提升学生的德育素养和综合能力，使他们成为具备高尚道德品质。构建乡村振兴视野下的高校德育理论脉络，是一个系统化、长期化的过程，需要教育工作者、政策制定者、学生和社会各界的共同参与和不断努力。这样的德育理论体系将更贴合国家战略需求，对学生实现全人教育和推动乡村全面振兴具有重要意义。

第六章

新时代乡村振兴人才素质模型建构研究

新时代乡村振兴需要具备新素质的人才，了解新时代乡村振兴人才的特征、掌握分类方法，进一步搭建乡村振兴人才的素质模型，有利于我们将高校德育与乡村振兴事业更好地结合，充分发挥高校人才培养与服务社会的功能。

一、新时代乡村振兴人才的特征与分类

新时代乡村振兴人才是指那些能够积极响应国家号召，投身于乡村振兴战略，具有实现农业现代化、农村全面进步、农民全面发展能力的专业人才。

（一）新时代乡村振兴人才的特征

1. 坚定的理念信念

新时代的乡村振兴人才应具有扎实的政治理论基础和时代观念，清楚国家的发展方向，对乡村振兴战略有深刻的认识，对实现乡村全面振兴充满信心和热情。新时代乡村振兴人才应有坚定的政治方向和社会责任感，能深刻理解党的方针政策，例如精准扶贫、绿色发展等，并将之内化为个

人行动的动力。这类人才应能够坚持以人民为中心的发展理念，积极参与乡村治理，为实现乡村全面振兴贡献智慧和力量。

2. 全面的专业知识

这类人才需要掌握涉农学科的专业技术知识，同时了解农业科技和现代农业经营管理知识，能够将现代科技成果转化到乡村振兴实践中去。乡村振兴人才需具备农业、林业、水利、农村经济管理等相关学科知识，这些知识能帮助他们在工作中做出创新和改进，提高农业生产效率，推动产业升级。同时，他们需要了解农业科学技术的发展动态，将理论知识转化为促进农业和农村经济发展实践的具体措施。

3. 创新的实践能力

着眼于解决乡村振兴过程中遇到的实际问题，具备创新思维和解决问题的能力，能够在实践中不断试验、总结、创新和推广新技术、新模式。面对乡村发展的复杂性，新时代人才需要具备前瞻性的思维和发散性思考能力，能够在现有资源和条件下寻找新途径，解决实际问题。这包括对现代农业技术和管理方法的创新，以及开发适宜当地生态和社会环境的产品和服务。

4. 强烈的社会责任感

新时代乡村振兴人才应具有高度的社会责任感和奉献精神，愿意投身于乡村发展，助力乡村经济社会发展和文化传承创新。乡村振兴不仅是一个经济问题，也是社会和文化问题。新时代人才应具有崇高的奉献精神，积极介入农村社会事务，努力改善农民生活条件，促进社会公平正义，激发乡村居民内生动力，助力精准扶贫和乡风文明。

5. 良好的沟通协调能力

能够有效地沟通和协调乡村之间、不同利益群体之间的关系，促进资源的有效整合，推动各方面力量共同参与乡村振兴。乡村振兴的成败往往取决于多方协作。这类人才应能够与不同背景的人员（政府官员、企业家、乡村居民等）有效沟通，调和不同利益关系，促进共识的达成，推动合作项目的实施。

6. 较高的综合素质

综合素质包括良好的职业道德、领导能力、团队合作精神，以及持久的学习能力，能够在复杂多变的乡村环境中领导和参与各类振兴项目。除了专业技术知识外，乡村振兴人才还需有良好的职业操守、领导力和团队合作意识，这使他们能够在复杂的农村环境中领导项目、管理团队。持续学习的能力也是必不可少的，因为农业和乡村发展是快速变化的领域，需要不断地更新知识和技能。

7. 熟悉乡村文化和习俗

理解和尊重乡村文化，了解农村的传统习俗和生活方式，能够从乡村文化的角度思考和推进乡村振兴。乡村振兴工作不仅仅是经济建设，还涉及乡村文化的保护与传承。了解和尊重当地文化习俗，可以帮助新时代的乡村振兴人才更好地融入当地社区，加强与农村居民的联系，从而推动当地文化与社会的和谐发展。

8. 环境适应力强

新时代乡村振兴人才应能在较为艰苦的乡村环境下工作和生活，适应地方条件，与乡村居民建立良好的关系。新时代乡村振兴人才可能需要在物质条件相对匮乏和基础设施不甚完善的农村地区工作。他们需要有较强的生活自理能力和韧性，能够适应多变的工作环境和生活条件，乐于接受挑战，持久且坚定地致力于乡村振兴事业。

综上所述，新时代乡村振兴人才不仅要善于运用专业技能和知识，还要具备敏锐的社会观察能力，能够把个人发展与乡村振兴相结合，为乡村的全面振兴培育发展动力和智力支持。这些特征共同构成了新时代乡村振兴人才的综合素质框架，是他们为乡村可持续发展所作出贡献的重要支撑。通过培养具备这些特征的人才，可以持续推进乡村振兴战略的有效实施和深入发展。

（二）新时代乡村振兴人才的分类

新时代乡村振兴人才按照职能和作用可以分为以下几类。

1. 农业生产经营人才

这类人才主要负责农业生产的各个环节，包括种植、养殖、农机操作、农田管理等。他们需要具备现代农业科学知识和技能，能够应用现代农业技术提高生产效率，实现规模化、专业化经营。同时，也要具备良好的市场意识，能够根据市场需求调整生产结构和经营策略。这类人才主要集中在第一产业，也就是传统的农林牧渔业。他们掌握现代农业科学技术，如高效种植技术、精准养殖方法、农业机械化技术、农业信息化管理，能有效提升农产品质量和产量。农业生产经营人才也需要具备良好的市场意识，能依据市场变化调整生产策略，降低成本，提高效益，并能够进行风险评估和管理。

2. 农村二三产业发展人才

这类人才关注的是除农业外的其他产业，如农村旅游业、手工艺品制作、农产品深加工等。他们推动农村产业多元化，提升农产品的附加值，创造更多的就业机会，并通过产业结构调整和产业链延伸，增强农村的综合经济实力。二产主要是制造业，三产则包括服务业等。这些人才致力于发展以农业为基础的加工业和服务业，如农产品加工、乡村旅游、特色手工艺制作、农村电子商务等。他们创造新的收入来源，带动就业，提高农民的非农收入。而且，他们需要懂得营销和品牌建设，以此来增加产品和服务的市场竞争力。

3. 乡村公共服务人才

乡村公共服务人才包括教育工作者、医疗卫生工作者、文化服务工作者等。这些人才为农民提供各类公共服务，改善农民的生活质量和生活水平，提升农村的社会文明程度。他们需要持续关注乡村居民的基本服务需求，努力缩小乡村发展差距。这类人才的工作重点在于为农村提供教育、医疗、文化等基本服务。教育人才致力于提高农村教育水平，医疗人才需要提供基本医疗卫生服务和开展健康教育，而文化服务人才则努力丰富农民的精神文化生活。这些人才帮助提升农民的整体素质和生活水平，促进乡风文明建设。

4. 乡村治理人才

这类人才专注于乡村的组织管理和社会治理，包括村官、乡镇干部等。他们负责制定乡村发展规划，推动各项政策的实施，动员和组织社区成员参与乡村治理和公共事务管理，促进民主法治和社会稳定。关注乡村社会结构和治理的这一类人才适应性强，有能力处理复杂的乡村关系，善于激发村民的积极性，组织并实施乡村发展规划。这其中不仅包括了行政管理能力，还包括了法律法规的制定与执行，意在建立和完善乡村规范制度，保障社会公正和谐。

5. 农业农村科技人才

科研人员、技术推广专家等属于这一类别。他们研发新的农业科技，促进科技成果在农业和农村地区的应用，提高农村地区的技术水平，加强农村地区的创新能力和科学教育。这些人才不仅在技术推广上发挥作用，还在新技术、新品种的研发上作出贡献。这些人才是乡村振兴中的技术支撑。他们不仅在研发新技术、新品种方面发挥作用，在科学技术向乡村地区的推广上也扮演着重要角色，将理论研究与乡村实践相结合。科技人才需要有研究新问题的能力，同时也应具备将科研成果转化为实际生产力的实操能力。

以上分类涵盖了乡村振兴的各个方面，并且各类人才之间是互补和协同的。一个成功的乡村振兴战略需要这些不同类型的人才共同努力，各尽其职，共同推动乡村的全面振兴和可持续发展。在具体工作中，这些类别的人才需要紧密协作和互相支持。例如，农业生产经营人才可能会依赖科技人才的研究成果来提高产量，而乡村治理人才则需要整合各种资源，确保这些成果在乡村得到广泛应用和推广。因此，各类人才不是相互孤立的，而是相互联系、相互依赖，共同构成乡村振兴的人力资源基础。

二、新时代乡村振兴人才的素质模型维度分析与指标选取

（一）素质模型维度分析

新时代乡村振兴人才素质模型通常会围绕多个维度来构建，以确保这些人才能够有效地促进乡村的全面振兴。以下是一些典型的维度分析。

1. 专业知识能力

这是乡村振兴人才最基本的要求。人才需要具备与其工作相关的专业知识和技能，无论是农业技术、乡村产业发展、公共服务还是治理和科技研发等方面。这包括对现代农业发展趋势的理解、县域经济发展规律的掌握等。专业知识能力是指人才在特定行业或领域所拥有的理论知识和操作技能。对于乡村振兴人才来说，这可能意味着掌握现代农业技术、了解农产品市场运作机制、精通乡村产业发展规律等。专业知识能力强的人能够在其领域里解决实际问题，并为乡村发展提供专业指导和技术支持。

2. 创新能力

乡村面临的问题往往复杂多变，需要人才具有创新意识和创新能力，

能够提出和实施创新解决方案。创新能力涉及新产品、新技术的研发，也包括创新管理模式和发展策略等。创新能力是指人才发现问题、解决问题以及实现价值创造的能力。在乡村振兴过程中，需要人才不断推陈出新，发明并引入新技术、新方法、新管理模式，以适应不断变化的经济和社会环境。

3. 实践操作能力

实践操作能力是将理论知识应用于实际情境中的能力。乡村振兴人才应当能够将抽象理论具体化，解决实际问题。这涉及项目规划执行、技术推广应用、组织协调实施等方面的能力，是指人才将理论转化为实际操作的能力。不仅包括基本的操作技能，还包含项目执行、组织策划、资源调配等能力。乡村振兴人才应能够将规划落到实处，通过具体的实践手段解决问题，有效推进乡村发展项目。

4. 沟通协调能力

由于乡村振兴涉及多方利益协调，政策推广和实施过程中存在诸多的协商、沟通、合作，人才需要良好的沟通和协调能力以维护各方利益和达成共识。沟通协调能力涉及人才与各方面群体（包括村民、企业、政府等）的有效信息交流与关系维护。这是确保乡村振兴顺利进行的关键能力，因为它能够帮助各方建立共识、增强合作，解决矛盾和冲突。

5. 综合素质

综合素质包括政策理解能力、法律素养、伦理道德、文化修养等。这一维度关注的是人才作为社会成员的整体素质，这对于建立良好的乡村文化环境和促进地方治理至关重要。包含一系列非专业知识能力方面的素质，如对国家政策的了解和执行能力、法律法规的遵守和运用，以及人才的伦理道德和社会责任感等。综合素质强的人才能在乡村振兴的过程中做出正确的判断，更自觉遵守行为规范。

6. 心理素质

乡村振兴的进程可能会遇到预料之外的困难和挫折，因此需要人才具备良好的抗压能力和适应能力。心理素质好的人才能够保持积极乐观的态度，面对困难时不轻易放弃。心理素质主要指的是个体适应环境变化、应对挑战、处理压力的能力。乡村振兴过程中可能面临诸多不确定性，具备良好心理素质的人才能够保持坚韧不拔的精神，为乡村发展提供稳定的心理支持。

7. 领导力与管理能力

对于乡村治理和乡村项目的负责人来说，领导力和管理能力极为重要。这要求人才具备激励团队、带领乡村发展规划、组织资源和管理乡村事务的能力。这指的是个体引导和激励团队、制定和实施计划、高效利用资源以实现组织目标的能力。在乡村振兴的过程中，具备这种能力的人才不仅能够策划并引导乡村向更好的方向发展，还能够有效管理乡村的日常事务，推动实现乡村振兴的长远目标。

这些维度分析可以帮助决策者和教育机构设计出相应的培训和评估体系，以培养和选拔能够适应新时代乡村振兴挑战的高素质人才。这些素质模型维度的具体内容和侧重点可能根据不同地区和不同阶段的振兴需求有所差异，但总体上，它们构成了一个基本框架，用来培养和评价适合新时代乡村振兴的高素质人才。

（二）新时代乡村振兴人才素质模型的指标

在新时代乡村振兴人才的素质模型指标选取中，各维度下会有更为具体的指标来衡量人才的素质和能力。指标选取需要考虑到乡村振兴的全面性，包括经济、社会、文化和生态等方面。

1. 专业知识能力指标

（1）农业科学技术知识掌握程度。

了解现代农业科学技术，掌握农业生产的先进技术，如智能农业、生态农业技术等，改善和提高农业生产力。

（2）土地管理与农业政策理解。

熟悉国家关于土地和农业的政策法规，理解土地使用、流转、承包等方面的知识，并在工作中合理运用。

（3）乡村产业链条熟悉度。

了解乡村产业链的构成，识别产业链中的关键环节，并寻找提升链条价值的方法。

（4）农产品营销和市场分析能力。

懂得如何对农产品进行市场定位、包装推广及深入分析市场需求，进行有效营销。

（5）乡村规划与可持续发展知识。

掌握乡村发展规划的原则和方法，理解可持续发展的意义，规划和推动乡村的长远发展。

2. 创新能力指标

（1）解决问题的创造性思维。

在面对挑战时能提出创新性解决方案，不拘泥于传统方法。

（2）新技术、新产品研发能力。

有能力进行产品和技术的研发，改进旧有产品或推出新产品以满足市场需求。

（3）适应变化的能力。

能够适应经济、社会以及技术变化，并利用变化带来的机会。

（4）实施新想法的能力。

不仅能想出创新点子，还能将其实现并转化为实际成果。

（5）改进工作流程和方法的实例。

通过具体案例，展示在工作中如何通过创新手段优化和重新设计工作流程和方法。

3. 实践操作能力指标

（1）项目管理和执行能力。

能够有效规划项目、组织资源，确保项目目标的顺利实现。

（2）技术推广和运用能力。

善于将科研成果转化为实际应用，并推广到生产实际中。

（3）地方资源调配和整合能力。

合理利用乡村的自然资源和人力资源，实现资源的最大化利用。

（4）实地工作经验。

拥有足够的实地工作经历，能够将理论和经验结合，解决实际问题。

（5）成功案例和成果展示。

能够提供曾经参与或主导的成功项目或工作成果展示，作为实践能力的证明。

4. 沟通协调能力指标

（1）沟通能力和社会交往能力。

能有效地与不同背景的个人和团队进行交流沟通。

（2）合作项目和团队协作经历。

有在多领域、多团队协作的经验，能够展示自己协作的成效。

（3）冲突解决和协商能力。

在出现分歧时，能够提出建设性方案，调解矛盾和冲突。

（4）多方利益平衡和谈判技巧。

在多利益相关方之间进行有效谈判，争取取得各方都可接受的结果。

（5）信息传播和公关能力。

能够有效地向公众传播信息，处理公关事务，塑造乡村良好形象。

5. 综合素质指标

（1）政策法规遵守情况。

严格按照国家政策法规行事，有很好的政策执行能力。

（2）道德修养和社会责任感。

具有较高道德修养，自觉履行社会责任，以身作则。

（3）文化素质和人文关怀。

关注乡村文化传承，弘扬当地文化，同时关心乡村居民的生活福祉。

（4）经济伦理和乡村道德标准。

坚持经济活动的伦理标准，倡导乡村良好的社会风尚和道德准则。

（5）社会活动参与度。

积极参与社会活动，提升个人的社会影响力和社会连接度。

6. 心理素质指标

（1）挫折和压力处理能力。

面对工作中的挑战和压力能够保持冷静，具有良好的应对策略。

（2）适应性和灵活性。

在面对不断变化的乡村环境时，能灵活调整自我策略和行为。

（3）自我调节和情绪管理能力。

能够有效管理个人情绪，维持积极和健康的心态。

（4）积极主动和乐观心态。

在面对困难时仍能积极主动寻找解决方案，保持乐观的心态。

（5）忍耐力和决心。

能够长期坚持目标，即使在困难面前也不轻易放弃。

7. 领导力与管理能力指标

（1）领导力和团队激励案例。

通过具体案例说明如何激发团队潜力，带领团队达成目标。

（2）组织规划和目标设定。

能够为团队和组织设定清晰的发展目标，并进行有效规划。

（3）决策能力和问题解决。

在面对决策时能够权衡利弊，快速作出有效且恰当的决策。

（4）人力资源管理和培养后继力量。

合理管理人力资源，注重人才培养和团队建设。

（5）资源优化配置和效率提升。

能够优化各种资源的配置，提高工作效率和成果质量。

这些指标可以通过具体量表、调查问卷、面试评价表、工作绩效报告等数据来源进行评估和度量。通过对上述指标的综合评价，可以全面了解候选人在乡村振兴人才素质模型上的表现情况，从而作出更为科学的人才选拔与培养决策。基于这些指标，可以进行定性和定量的评价，比如通过问卷调查、面试、360 度反馈、工作表现评估等方法来测量和评估这些能力和素质。有效的指标选取可以帮助明确培养目标和人才选拔的标准，为乡村振兴培养出合适的人才。

三、新时代乡村振兴人才的素质定量分析

新时代乡村振兴战略的实施对乡村振兴人才提出了更高的要求，强调了人才对乡村振兴的重要性。人才素质的定量分析涉及对人才素质多维度的量化评价，包括但不限于教育水平、专业知识、工作经验、创新能力、社会实践能力、领导力和沟通能力等多方面。为了进行定量分析，首先需要明确衡量指标体系，量化分析模型如下。

（一）教育背景

教育背景包含四个层次的内容，一是毕业院校、所学专业、所获学历和学位；二是在校学习期间取得的成绩；三是课程，如专业课程、通识课程等；四是其他个人亮点，比如社会服务、比赛竞赛、科学研究等。通过

学历层次、所学专业、继续教育及培训等方面来量化，如对博士、硕士、本科等不同层次的学历赋予不同的分值权重。

（二）专业知识和技能

专业知识和技能是指在职业分类的基础上，根据职业活动的内容，对从业人员工作能力水平的规范性要求。它是从业人员从事职业活动、接受职业教育培训和职业技能鉴定的主要依据，也是劳动者从业资格和能力的重要衡量标准。通过专业资质证书、技能等级认定、专业考核成果等指标来评分。

（三）工作经验

工作经验是个体在一定领域从事劳动，实践自己的专业知识，获得具体的岗位认知，修正并提高知识和能力，收获真实的个人劳动体验，加以总结加工而得到的经历。衡量工作经验，可以根据个人在乡村工作的年限、参与过的乡村振兴项目情况、取得的成效如何来定量描述。

（四）创新能力

创新能力是主体充分发挥主观能动性，从事创新活动的能力，是运用一切已获取且有价值的信息，包括积累的知识和经验等，生产某种独到、新颖、体现社会或个人价值的产品或服务的能力。创新能力作为一个系统、综合的概念，是各种基本能力的综合，这种组合方式随不同领域的创新活动而不同，具体到乡村振兴层面，它是指在乡村通过各种实践活动，不断提供具有经济价值、社会价值、生态价值的新思想、新理论、新方法和新发明的能力。创新能力可由专利数、论文发表、项目研究成果、社会服务方法成效等方面来衡量。

（五）社会实践能力

大学生社会实践是在校大学生利用课余时间，步入社会并与社会接触，提高个人能力，触发创作灵感，完成课题研究，发挥自己的聪明才智以求与社会有更深层接触，对社会作出贡献的活动。社会实践是大学生必须要上的一门课程。社会实践能力的评估可以通过社会服务经历、志愿活动参与情况、实践成果转化情况等指标反映。

（六）领导力与团队协作

领导力和团队协作是指个人在高度协同的团体里能够提高组织绩效，增强人们的学习动机，为每个人提供一种互惠的利益。通过组织和社会转变实现的变革会帮助这些团体中的每一位成员发挥出他们作为个体的最大潜能，帮助他们更清晰地了解他们在社会生活的各个领域中作出的特殊贡献。领导者必须对团队内的冲突做出妥协，找到一种与组织成员和谐相处的实用的协同性解决方案。领导力和团队协作的评价可以通过个体领导过的项目、团队管理经验等方面来评价。

（七）沟通协调能力

沟通协调能力是指社会中的个人与组织基于一定的需要，通过语言、文字、图片、行为等方式，交流思想、观念、意见、情感等信息的行为能力。具体到乡村振兴领域，沟通协调能力是指参与乡村振兴的人才在日常工作中妥善处理好上级、同级、下级等各种关系，使其减少摩擦，能够调动各方面的工作积极性的能力，以及能够在管理工作中向有关人员征询意见、传递信息、施加影响以期获得支持与配合的能力。沟通和协调能力的评价可以通过社会关系网络、问题解决实例、有效沟通案例和人际交往能力来量化。

四、新时代乡村振兴人才素质模型建构

（一）层次分析法的定义

层次分析法（Analytic Hierarchy Process，AHP）是一种常用的决策分

析方法，可以帮助我们处理复杂的现实问题，适用于构建乡村振兴人才素质模型。层次分析法的特点是首先深入分析复杂问题的本质、影响因素及其内在关系等，再利用较少的定量信息使思维过程数学化，为目标较多、准则多样、没有结构特性的复杂问题提供简便的分析方法。

（二）层次分析法的应用

层次分析法将问题按总目标、各层子目标、评价准则和具体方案的顺序，分解为不同的层次结构，然后用求解判断矩阵特征的办法，求得每一层次的各元素对上一层次某元素的优先权重，最后再加权和的方法递阶归并各备择方案对总目标的最终权重，此最终权重最大者即为最优方案。

（三）层次分析法在乡村振兴人才选用机制中的应用

1. 使用 AHP 构建乡村振兴人才素质模型的步骤（见图 6 - 1）

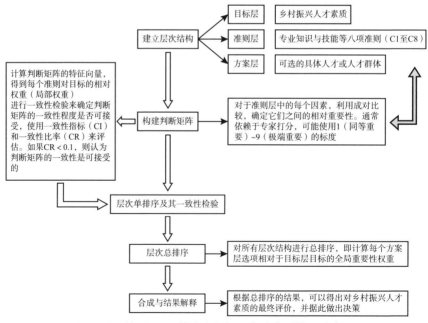

图 6 - 1　使用 AHP 构建乡村振兴人才素质模型的步骤

（1）建立层次结构。

首先，将问题分解为多个层次：目标层、准则层（评价标准层）和方案层（或替代方案层）。

目标层：乡村振兴人才素质。

准则层：基于前述讨论，定义如下准则：

C1：专业知识与技能

C2：创新创业能力

C3：实践操作能力

C4：领导力与管理能力

C5：沟通与协调能力

C6：决策与问题解决能力

C7：学习与适应能力

C8：道德品质与社会责任感

方案层：可选的具体人才或人才群体。

（2）构建判断矩阵。

对于准则层中的每个因素，利用成对比较，确定它们之间的相对重要性。这通常依赖于专家打分，可能使用1（同等重要）~9（极端重要）的标度。

（3）层次单排序及其一致性检验。

计算判断矩阵的特征向量，得到每个准则对目标的相对权重（局部权重），这就是层次单排序。然后，进行一致性检验来确定判断矩阵的一致性程度是否可接受，使用一致性指标（CI）和一致性比率（CR）来评估。如果 CR < 0.1，则认为判断矩阵的一致性是可接受的。

（4）对所有层次结构进行总排序，即计算每个方案层选项相对于目标层目标的全局重要性权重。

（5）合成与结果解释。

根据总排序的结果，可以得出对乡村振兴人才素质的最终评价，并据此做出决策。

2. 示范应用

（1）邀请专家打分。对准则层（C1～C8）做成对比较，形成判断矩阵。

根据比较标准，可以通过问卷调查等方式收集专家的打分数据。例如，可以针对准则层的几个维度，设计一份问卷，问卷可以分为两级或三级标准，邀请专家对每一个两两比较的问题进行打分，然后将这些打分数据汇总成一个判断矩阵。如果有多位专家参与打分，可能会得到多个判断矩阵。为了合并这些矩阵，可以采用加权几何平均法来获得专家的打分。具体来说，可以根据专家的权威性和代表性赋予不同的权重，然后将各个专家的打分矩阵按照相应的权重进行加权几何平均，得到一个汇总的判断矩阵。

（2）计算每个判断矩阵的特征向量和一致性比率（CR），确保 CR < 0.1。

有了判断矩阵后，可以通过计算特征向量和最大特征根来得到每个因素的权重。这些计算过程可以使用专门的软件或编程语言来自动化完成。

（3）利用一致性通过的判断矩阵，计算每个准则的全局权重。

一致性检验是用来验证专家的打分是否合理的一种方法。如果数据通过一致性检验，则认为专家的打分是一致的，可以继续进行后续的分析。否则，需要检查判断矩阵是否存在逻辑问题，并重新录入或调整打分数据。

（4）用同样的方法对方案层中的选项进行成对比较，并计算全局权重。

（5）基于全局权重，评估、选择或对各个人才或人才群体排名。

第七章

高校德育与乡村振兴人才选用创新培养机制

一、高校德育与乡村振兴人才选用的指导思想与目标

高校德育（道德教育）与乡村振兴人才选用的指导思想要密切结合中华民族的优秀传统文化、社会主义核心价值观以及当代中国的国情和农村的实际需求。

（一）高校德育与乡村振兴人才选用的指导思想

1. 社会主义核心价值观的培育

注重将社会主义核心价值观融入德育课程体系和校园文化，帮助学生树立正确的世界观、价值观和人生观。强调富强、民主、文明、和谐；自由、平等、公正、法治；爱国、敬业、诚信、友善的价值原则。对学生进行系统的社会主义核心价值观教育，使其内化为个人行为准则。课程设置应涵盖价值观教育，同时通过讲座、研讨会和社会活动来强化理论与实践的结合。借助校园文化和志愿服务活动，将核心价值观融入学生日常生活，引导学生在实践中绵延价值观理念。

2. 专业素养与实践能力并重

在培养专业技术知识和技能的同时，强调实践应用能力和创新能力的发展，使学生能够将所学知识转化为服务乡村振兴的实际能力。设计并引入与乡村振兴相关的实践课程和项目，让学生在实际工作中学习和成长。高校课程设计应强调专业理论基础和应用技能并重，推进校内外实践教学环节，为学生提供现实场景下的工作经验。通过设置乡村发展相关的课题研究、项目工程等，让学生在面对具体问题时能够综合运用专业知识，培养解决实际问题的能力。

3. 道德品质与社会责任感的培养

引导学生认识到个人发展与社会及乡村振兴之间的联系，培养扎根乡村、服务乡村的责任感与使命感。在日常学习和校园生活中加强对道德规范的教育，激发学生的社会责任感。通过课程、主题教育、社会实践等多种方式，树立和强化正直诚实、助人为乐、奉献社会的价值观，以典型事例和模范人物来激励学生。促进学生认识个人成长与国家及社会发展的关系，引导他们自觉肩负起振兴乡村的责任，具备较强的事业心和责任感。

4. 乡村文化理解与尊重

乡村文化是乡村居民与乡村自然相互作用过程中所创造出来的所有事物和现象的总和。根据不同的划分标准，乡村文化又分为乡村物质文化和乡村非物质文化。相对于城市文化而言，在传统农业社会里，两者只有分布上的差别而无性质上的不同。乡村文化具有极为广泛的群众基础，在民族心理和文化传承中有着独特的内涵。使学生了解乡村的历史、传统和文化，营造对乡土文化的尊重和传承的氛围。组织社会实践活动，如乡村调查、支农活动等，让学生亲身体验乡村生活，深入理解乡村文化和乡村振兴的实际需求。在课堂教学和校园活动中，引入乡村文学、历史、艺术等内容，培育学生对乡村文化的深层认识和尊重。组织学生深入农村进行社会调研，与村民互动交流，体验农村生活，从而更加深刻地感受和理解乡村文化，增进对农村发展问题的认识。

5. 人才选拔与培养的精准对接

结合高校培养目标和行业发展需求，精准选拔和培养既懂技术又懂经营、既有实践力又有创新能力的复合型人才。建立校企合作、产学研结合的人才培养机制，为乡村振兴创造可靠的人才供给。分析行业需求和乡村振兴战略，为高校教育定位提供依据，通过科学的选拔标准和培养模式培育出能够适应乡村振兴需求的人才。建立与企业、研究机构和农业产业链合作机制，结合乡村实际需求，设计实务践行课程，提升学生的职业技能和创新能力。

6. 终身学习观念的植入

提倡和鼓励学生终身学习，为乡村振兴不断更新知识、技能和观念，以适应不断变化的社会和经济发展需求。强调在变革中自我提升的能力，鼓励学生持续学习并适应未来挑战。向学生传授终身学习的重要性，通过激发好奇心、提供学习资源和途径，建立学生自主学习的意识并养成习惯。通过设立在线课程、讲座、研讨及研究小组等多种形式，为学生毕业后持续学习提供平台和支持，让他们能够持续跟进新知识、新技术，应对未来挑战。

这些指导思想的本质是为了培养具备高尚道德情操、扎实专业知识和强烈社会责任感的人才，这些人才能够在未来的乡村振兴工作中发挥关键作用，成为推动社会发展的重要力量。高校德育工作需要贯穿于人才培养的全过程，涵盖知识、能力和价值观等多个方面，形成全员、全过程、全方位育人的教育模式。这些指导思想是为了使德育工作与乡村振兴战略有机结合，使高校在培养学生的同时，更加注重道德素质的养成和社会实践能力的提升，使得毕业生不仅仅是知识和技术的传承者，更是乡村文化的创新者和发展的先驱者。

(二) 高校德育与乡村振兴人才选拔和培养的目标

高校德育与乡村振兴人才选拔和培养的目标是为乡村振兴战略提供具有高道德素质、扎实专业技能和创新能力、深厚乡村情怀的复合型人才。

1. 培养具有高道德素质的人才

目标是使学生具备良好的思想品德和职业道德，注重法治意识、诚信意识以及社会责任感的培养，使学生愿意为乡村的可持续发展和社会的和谐作出贡献。学校需要通过课程设计、实践活动和社会服务，注重对学生的思想政治教育，确保他们能够明确社会主义核心价值观，并在日常生活和未来工作中体现出来。加强对学生的法治教育，提升他们遵守法律法规的意识，并在实践中形成良好的法律素养。通过多种形式的课外活动和实践教学，培养学生的社会责任感，使其在未来能积极投身于乡村振兴事业。

2. 培养具备扎实专业知识的人才

强调专业教育的重要性，使学生具有坚实的学科基础知识和专业技术能力，能够在农业科技、乡村治理、生态建设、社会服务等方面贡献力量。高校应构建多元化的教学体系，将专业教育和实践教学有机结合，确保学生能够掌握核心的专业知识和技能，为其将来在乡村振兴中解决问题提供技术支持。实施产教融合，与企业和农业实践基地深度合作，开展实习实训，使学生能有机会将理论与实践相结合，提高操作技能。

3. 培养具有创新能力的人才

培养学生的创新意识与创新思维，使其能参与到乡村振兴中新产业、新业态的开发与推广，并能通过创新推动乡村经济社会发展。增加创新能力培养的课程和活动，包括创新思维训练、科研项目参与、创业教育等方式，通过积极参与创新实践锻炼学生的创新能力。鼓励学生参与科学研究和技术开发，以科技创新推动乡村振兴中的各项工作。

4. 培养具备深厚乡村情怀的人才

强化学生对乡村文化和传统的理解与尊重，培养学生主动投身乡村建设、扎根农村、致力于乡村振兴的精神和态度。通过课程学习和社会实践，帮助学生深入了解中国的乡村文化和传统，增强他们对农村发展的认识与关心。组织丰富的乡村实践活动，如支教、乡村调查等，使学生亲身体验农村生活，培育对乡村的深情和责任感。

5. 培养能够终身学习的人才

树立终身学习的理念，鼓励学生发展自主学习能力，使其能不断适应快速变化的社会和乡村振兴的新要求。高校要营造学习型社会氛围，通过讲座、研讨会和可利用的知识库，加强学生的自我学习能力和持续学习动力。教育学生认识到学习不仅仅局限于校园，而是一生的过程，鼓励他们在毕业后也能不断追求新知识，适应社会发展的需求。

6. 培养具有团队合作精神的人才

鼓励合作精神和团队意识，以适应乡村发展中多学科、跨行业合作的需要。在学习和项目实践中强化团队合作能力的培训，使学生学会在团队中协作、交流和解决冲突。举行团队建设活动和团队项目等，让学生在协同工作中体会团队精神的重要性，并培养良好的团队合作态度。

7. 培养具有国际视野的人才

提升学生的国际视野，使他们能够学习和借鉴国际上乡村发展的成功经验，将国际理念与本土实践相结合，促进中国乡村的现代化发展。设计国际交流项目，让学生有机会了解和学习其他国家的农村发展经验，以及国际农业科技的最新动态。加强外语教育和开设国际视野课程，培养学生跨文化沟通与合作的能力，为他们将来可能的国际合作和交流奠定基础。

以上详细阐述了高校怎样通过德育和专业培养相结合的途径，培养出能在乡村振兴中发挥积极作用的复合型人才。这些目标体现了培养全面发展的人才，即具备良好职业技能与高尚道德，同时能够不断自我进步和适应社会需求变化的要求。通过这些综合目标的实现，高校能够为乡村振兴计划输送具备理想信念、道德情操、专业素养、实践能力的高素质人才，为推动乡村全面发展和建设社会主义新农村贡献力量。

二、高校德育与乡村振兴人才选用机制框架构建

构建一个高校德育与乡村振兴人才选用机制的框架，需要从策略层面进行整合，确保培养出的人才能够符合乡村振兴的具体需求。以下是一个可能的框架构成。

（一）人才需求分析

与政府相关部门、乡村振兴项目负责人、农业企业等合作，分析乡村振兴的人才需求，明确人才的知识、能力与素质要求。支持高校建立与政府、企业、乡村社区紧密的沟通机制，收集和分析各个领域针对乡村振兴的人才需求信息。高校可定期组织论坛、研讨会，邀请社会专家、企业界代表及基层工作者共同探讨人才需求，从而精准制定教育培养目标。

（二）德育加强计划

在课程体系中加入更多关于社会主义核心价值观、职业道德、法治教育的内容，通过讲座、研讨和实践活动加强学生的思想品德教育。通过社团活动、志愿服务、社区参与等实践平台培养学生的社会责任感和服务意识。将社会主义核心价值观的教育渗透到课程的各个方面，不仅在理论课程中，也包括实践和实验环节。举办各类主题社会实践活动和志愿服务，例如支援乡村教育、卫生、文化建设等，通过实践活动加强学生对社会责任的认识。

（三）专业培养方案

结合乡村振兴的需求，优化专业课程设计，确保教学内容的前瞻性和实用性，增强学生的应用能力。强化实践教学，如举办实习、实训、参与科研项目等，使学生在实际场景中学习和运用知识。依据乡村振兴的多元化需求，设计跨学科的综合专业课程，涵盖农业科技、农村经济、乡村规划等领域，注重理论知识与技能的结合。关注生产、管理、服务等环节的技能培训，通过实践课程如农场实习、科研项目、社会服务等加强操作能力。

（四）创新能力培养

设立科研基金、创新实验室、学生创新创业大赛等，鼓励学生参与科研和创新活动，培养其解决复杂问题的能力。提供辅导和资源支持，帮助有意愿的学生进行学术研究或创业尝试，从而锻炼其创新能力。建设平台和提供资源以鼓励学生参与科研创新，对于有潜力的创新理念和项目给予资金与指导支持。开设创新思维课程，持续举办科技创新竞赛、创业计划大赛，挑战学生解决实际问题的能力。

（五）乡村情怀养成

开设农业文化、乡村建设、农村社会学等课程，加深学生对农村的了解。安排学生到乡村实地考察、实习，让学生亲身体验乡村生活和振兴实践。设立具有地方特色的乡村学习课程，通过实地考察、文化体验活动等让学生成为乡村振兴的积极拥护者。教育学生理解新型城镇化的意义，以及乡村发展不平衡的现状和乡村振兴的关键作用。

（六）终身教育体系

通过线上平台和资源库，提供丰富的学习材料，促进学生毕业后还能继续学习。与校友建立联系，为在乡村工作的校友提供定期的培训更新和学术交流机会。提供在线教育资源平台，支持毕业生通过网络继续接受相关课程学习和专业训练，适应终身学习的需求。开通校友资源网络，鼓励校友分享实际工作中的经验，为学生提供职业指导与支持。

（七）团队合作与国际视野

设立跨专业的项目组、研究小组，促进不同学科背景的学生之间的合作。增加国际交流项目，以及与国外农业高校和研究机构的合作，拓展学生的国际视野。提倡多学科交叉合作完成课题或者项目，例如组织农学、工学、管理学等多专业学生共同解决实际问题。通过国际合作项目、留学生交换等方式开拓学生的国际视野，与国外高校共同研究乡村振兴的国际经验与案例。

（八）评估与反馈

建立定期的人才培养效果评估机制，及时收集反馈，调整教学和培养策略。将企业、村社和政府部门作为利益相关方纳入评估体系，确保培养出的人才真正适应于乡村振兴的需求。建立系统的评估机制，包括课程质量、教学方法、实习效果等方面的评估，并及时根据反馈调整培养方案。设立跟踪调研项目，对毕业生在乡村振兴工作中的表现进行监测，与合作伙伴共同评估人才培养效果。

通过上述框架的构建和实施，高校可以更有针对性地为乡村振兴培养所需的人才，并通过定期评估和调整确保人才培养方案与乡村振兴的实际需求保持一致。通过这一系列的措施，更有利于高校培养出符合乡村振兴要求的高素质人才，这些人才不仅掌握必要的专业知识与技能，还有强烈的社会责任感和乡村情结，具备解决问题的创新能力，并能在团队中充分发挥作用，同时对国际趋势有所了解，能够在全球范围内推广乡村振兴的实践和理念。

三、高校德育与乡村振兴人才选用协同条件保障

高校德育与乡村振兴人才选拔及培养的协同条件保障是一个复杂的体系，其目的在于实现教育系统与乡村振兴实践间的无缝对接。

（一）政策支持和引导

需要政府部门制定支持性政策，为高校在人才选拔和培养方面提供明确的方向和政策优惠，如税收减免、资金支持、项目扶持等。增强政策连续性与稳定性，让高校和学生有信心长期投身于乡村振兴的德育和人才培养工作。政府应制定和实施针对高校参与乡村振兴的优惠政策，比如提供科研资金、实习基地建设等，以激励高校和学生参与乡村建设。需要政府部门将乡村振兴纳入高等教育的战略规划中，通过国家层面的政策制定，为高校提供长期稳定的工作展望和动力，确保政策的连贯性和可持续性。

（二）产教融合机制

加强高校与企业、农业合作社等实体的产学研合作，形成校企合作育人模式，将企业的实际需求直接反馈到教育培养过程中。高校应设立合作交流平台或管理机构，定期组织校企对接会议、讲座和项目交流等活动。高校与行业企业合作，将行业最前端的技术和需求信息引入教学内容，提供学生实习和就业的机会。应设定更多校—企结合项目，促进学生在项目中的创新实践与技能培养，缩小学生毕业后的"实践差"。

（三）资源共享平台

建立本地区高校与社会各界的资源共享平台，集中优质教育资源，为学生提供丰富的知识和技能学习渠道。区域内的高校应相互协作，分享实验室、图书馆、教师等教育资源，并统一推进与乡村振兴相关的人才选拔与培养工作。高校应建立学术资源共享平台，包括共享图书馆资源、实验

室资源等，以优化教育资源配置，对于乡村振兴相关课程和项目，应该给予优先资源支持。通过举办联合讲座、研讨会等形式，使区域内高校之间的学术交流更为频繁，共同培养乡村振兴所需的复合型人才。

（四）综合实践基地建设

高校应同乡村社区合作，共同建设实习实训基地，为学生提供实地学习和实践的机会，这样既加深了学生对乡村振兴工作的理解，也能增进与乡村社区的联系。实践基地应该接受高校的专业指导，实现教学内容与乡村振兴实际需求的结合。高校与乡村地区合作，确定或建立一些固定的实践基地供学生进行实习和研究。实践基地需要提供现实问题的解决机会，以增强学生的社会责任感和实际操作能力。通过与农业企业、农民合作社等合作，建立实地学习基地，能够让学生在真实的乡村环境中学习和实践，更好地理解和掌握乡村振兴的实际需求。

（五）教育体系和课程改革

高校应持续进行教育体系和课程的改革，确保教育内容和培养模式与乡村振兴的实际需要保持一致。引入新型职业技能、新农业技术等课程，满足乡村振兴对人才的多样化需求。高校课程设置应与乡村振兴的实际需求紧密相连，开设更多与农业技术、乡村管理、乡村文化等相关的课程。教育体系改革需注重理论与实践相结合，设立专门的学科或课程，如乡村发展学、农业经济管理等，以培养符合乡村需求的专业人才。

（六）教师队伍建设

加强对教师特别是其实践教学能力的培养，为教师提供到乡村一线进行调研、交流和实践的机会。推动城市和农村教育资源的均衡分配，鼓励有经验的老师参与乡村教育工作。高校要提高教师在乡村教育与发展方面的专业素养，通过组织教师定期参与乡村调研、讲习所及研修班来提升他们的实地教学能力和科研水平。通过引入从乡村来的客座教授或实践经验丰富的专家，丰富师资队伍，为学生提供丰富多元的学习体验。

（七）效果监测与反馈机制

建立反馈渠道，收集来自毕业生、企业、乡村社区的反馈信息，及时了解人才选拔和培养工作的效果。确立评价机制，包括教育治理评估、学生满意度调查、课程改革评审等，以此不断完善教育和培养体系。设立完善的跟踪评估系统，追踪高校毕业生在乡村振兴相关工作中的表现和发展，以评价教育成效。定期收集学生、雇主以及乡村社区的反馈，对教育内容和教学方式进行调整，以确保培养方案与乡村振兴的实际需求对接精准。

每一项协同条件的建设都需要高校、政府、社区、企业等多方的共同努力和长期投入，以形成一个持续的、互利的合作网络。这个网络的高效运转，可以确保德育与乡村振兴人才选拔相辅相成，共同推进乡村振兴的长远目标。整体而言，高校德育与乡村振兴人才的选拔与培养需要建设系统的政策保障、资源共享、实践教学、课程改革和评估反馈协同条件，形成一个闭环循环，确保高等教育与乡村振兴需求的有效衔接。

四、改进和优化高校德育与乡村振兴人才选拔机制的建议

要改进和优化高校德育与乡村振兴人才的选拔和应用，可以考虑以下对策和建议。

（一）创新德育理念

将乡村振兴的理念融入德育体系，让学生从入学起就接受乡村振兴的理念熏陶。加强对学生的社会责任感、团队合作精神与创新意识的培养。设计与乡村振兴相关的德育课程和实践项目，鼓励学生参与到乡村发展的实际工作中去，从而达到知行合一的教育效果。高校德育应贯穿乡村振兴的价值观，将爱国主义、集体主义与服务社会的思想融入学生教育中。德

育课程可以结合乡村振兴的案例分析，培养学生的社会责任感。设计相关课外活动和志愿服务项目，如"三下乡"（下乡调研、社会实践和支教等），让学生在实际中体验乡村生活，了解乡村振兴策略。

（二）优化专业设置和课程体系

根据乡村振兴的需求，优化和调整专业设置，开设与农业科技、乡村社会管理、农村文化传承等相关的学科专业。在课程设置上，增加实践性和针对性强的课程内容，注重跨学科课程的设计，让学生能够系统地获取多方面知识和技能。依据国家乡村振兴战略的需求和地方特色，优化调整和更新专业目录，增加与乡村振兴紧密相关的学科专业。调整课程设置，设计跨学科课程，加入包括可持续发展、农业技术、乡村经济在内的课程，注重提升学生分析问题和解决问题的能力。

（三）强化实践技能培养

设立实践教学平台或基地，使学生能够接触到真实的农业生产、乡村治理等一线工作，亲自参与到乡村振兴的实践工作中。采用"学以致用"的培养模式，通过实习、实训、项目合作等方式，提升学生的实际操作能力和问题解决能力。与乡村社区、农业企业合作建立实践基地，为学生提供接触真实农业生产和乡村治理的机会，如实习、实训和参与实际的乡村发展项目。建立创新实验室、孵化器等平台，鼓励学生运用所学知识解决实际问题，举办创新大赛、实践大赛等活动，激发学生创新创业精神。

（四）提高师资队伍水平

增强教师的乡村振兴理念与实践能力，通过培训、交流等方式，提升他们在乡村振兴方面的教学和研究能力。引进和培养一批熟悉乡村振兴实际、有丰富实践经验的教师，以带动整个高校教育方向的调整和优化。定期对高校教师进行乡村振兴相关的培训，提升他们的教学质量和科研能力，丰富和增强他们的社会实践经验和案例教学能力。引入具有实际乡村振兴工作经验的专家作为兼职教师或访问学者，丰富教学内容，确保理论与实践相结合。

（五）搭建多方合作平台

高校与政府、企业、农民组织建立多方合作机制，共同解决乡村振兴中的人才需求和技术难题。通过项目合作、实训基地共建等形式，实现资源共享，为学生提供多元化的学习和实践平台。成立专门面向乡村振兴的校企合作平台，促进高校、政府、企业、其他社会组织等多方参与，为学生提供实践机会和创业支持。通过共享资源、合作研究等方式联合各方力量，解决乡村振兴过程中遇到的关键问题，创建多赢局面。

（六）加强跟踪评价和及时调整

建立高校毕业生就业跟踪系统，定期评价高校德育和乡村振兴人才培养的效果，根据评价结果及时调整教育培养方案。通过与企业、乡村社区的反馈进行动态对接，不断调整和优化教育内容，以保证人才培养目标与乡村振兴实践需求高度吻合。建立高校毕业生就业跟踪反馈系统，追踪毕业生在乡村振兴领域的工作表现，及时收集反馈，评价人才培养效果。高校应定期审查和评估教学内容和方法，确保教育目标与乡村振兴需求同步，随时根据社会反馈进行课程内容和教育方法的调整。

（七）加大资金投入力度和政策支持

鼓励政府和社会资本投资于德育和乡村振兴人才培养项目，提供必要的财政支持和政策便利。设立专项基金或奖学金，激励学生和教师参与到乡村振兴的研究和实践中来。倡导政府增加对乡村振兴人才培养相关项目的财政投入，为高校在教育教学、实验实践、科研等方面提供资金支持。设立专项奖学金和研究基金，用于奖励在乡村振兴领域表现突出的学生和教师，激励更多的人才投身乡村振兴事业。

通过上述对策和建议的实施，高校可以有效地改进和优化德育教育与乡村振兴人才的选拔和培养方案，为乡村振兴培养出更多具有实践能力和创新精神的高素质人才。通过上述策略的实施，可以有效促进高校德育教育与乡村振兴实际需求的进一步融合，培育出更多能够适应并推动乡村振兴战略实施的高素质人才。

结语

研究结论与展望

一、研究结论

高校德育与乡村振兴人才选用协同机制研究，其结论通常会聚焦于如何构建和完善一个能促进两者有效结合的系统。

（一）协同教育理念的确立

正是因为乡村振兴是一个宏大的命题，单靠一方的力量难以将高校德育与乡村振兴人才选用协同机制真正建立或落实下去，需要在高校层面将乡村振兴的理念融入高校德育体系，使德育工作与国家战略同步，并体现在课程设置、教学方法、社会实践活动、实习安排等方面。

（二）人才培养方案调整

高校人才培养方案是对各专业学生的培养目标、培养方式、课程设置等进行的方案设计，以使高校人才在毕业前达到知识能力、道德水平要求，更好服务社会。乡村振兴人才培养如果想在高校德育层面得到更好实施，需要高校调整各专业人才培养方案，在培养目标中加入服务乡村的德育教育目标，在培养方式上理论联系实际，在课程设置上开设相关课程。

（三） 课程和专业建设的整合

当前高校的课程和专业设置应根据乡村振兴的需要进行优化，强化相关领域如农业技术、乡村管理、农村教育、乡土文化传承等专业的建设，培养具有实际动手能力和创新能力的复合型人才；同时，传统上的高校德育，通常独立于学科教学，使德育与学科教学相结合，让学生在学习知识的同时也培养品德，需要高校在跨学科课程融合方面做出探索。

（四） 实践教学体系的强化

加大实践教学内容的比重，通过建立乡村实践基地、实验室、专家工作室、科技示范基地等，使学生"下得去、留得住、学得到"，增加学生参与乡村振兴相关项目的机会，将理论知识与现实问题相结合，培养学生的实践能力。

（五） 师资队伍建设的改进

加强对高校教师特别是德育教师的培训，提升他们对乡村振兴的认识并加深理解，强化教师在德育教学中的引导作用，促进学生产生积极参与乡村发展的意愿。同时，也可以探索面向专业课教师，激励他们做出面向乡村德育内容与专业内容的教学改革，使学生在专业学习中，潜移默化地树立服务乡村振兴的意识，产生服务乡村振兴的动机。

（六） 多元合作平台的构建

乡村振兴是一个系统工程，靠任何一方的单打独斗都无法解决根本问题。打破长期以来的校内外科技壁垒、层级壁垒、乡村壁垒，打通高校与政府、企业、社区之间的机制障碍，构建多方参与的乡村振兴合作平台，实现信息共享、经验共享、科技共享、资源共享，提升乡村振兴项目的实施效果和教育质量。

（七）动态反馈及时调整的机制

任何工作的开展不会一蹴而就，也从来没有天生完善的机制方案。机制设立之初的理想状态，可能会在实践过程中出现梗阻，这就需要建立动态的评估和反馈机制，对德育教育和人才培养效果进行监督评价，根据乡村振兴发展的最新需求对教育和培训计划进行及时调整。

（八）政策和资金支持的保障

工欲善基事，必先利其器。乡村振兴这项伟大事业，需要坚强的条件保障。因此，政府应通过政策和财政手段为高校加强德育工作、专业建设、教师培训和乡村振兴人才培养提供支持，包括设立专项资金、税收优惠、奖励机制等。

总体而言，高校德育与乡村振兴人才选用协同机制研究强调必须形成一个跨学科、多元合作、实践导向、动态调整的教育生态系统，通过不断完善高校德育内容和方式，增强高等教育服务于乡村振兴战略的实效性。

二、研究展望

在研究高校德育与乡村振兴人才选用协同机制时，未来的研究展望包括：

（一）深化理论研究

高校德育与乡村振兴人才选用协同机制的构建，虽然已经有基础的理论框架，但仍需在高校内部对德育的内容、德育的模式、德育与专业课程的融合、涉农专业建设等方面进入深入研究，进而做出教学改革与实践；同时，乡村振兴有其动态性和复杂性，随着环境变化，起初设计的制度框架、运行机制、培养方案和内容等可能不再适应新形势、不再能解决新问题。这就需要深入研究德育和乡村实际之间的作用机理，包括构建本土的德育服务乡村振兴的理论。

（二）跨学科融合

与其他任何行业、产业的变化一样，乡村需要的不再是单一技能人才，而是"一懂两爱"的"多面手"，这就需要在高校内部进行跨学科融合教育，更有效地实现教育学、心理学、社会学、经济学以及农业科学等多个学科的融合，以使人才更好地匹配乡村振兴要求，不断创新协同机制的运行理论，及时检验人才服务乡村的成效，同时促进协同机制效果评估。

（三）教育技术的应用

在教学实践中，教育技术是教师不可或缺的伙伴，起着强化教学效果的作用。因此在高校德育教学中，需要深入探索现代教育技术，如网络课程、模拟环境、人工智能等，研究如何更好地使技术服务于德育教学和乡村人才的培养，以适应数字化时代的学生需求。

（四）实证研究与案例分析

无论是对德育服务乡村振兴的效果进行评价，还是对人才的适应性进行跟踪分析，都需要深入乡村一线，进行更多基于实地调研的实证研究，收集并分析典型案例，探讨不同区域和背景下高校德育与乡村振兴人才选用协同机制的最佳实践和经验。

（五）国际比较与借鉴

虽然西方发达国家与我国国情有着本质的区别，但它们的城市化水平更高、城市化推进程度更深、城市化经验研究更多，也比我们更早遇到乡村问题，在乡村振兴方面有着更早的探索和实践，因此需要广泛借鉴和比较国内外乡村振兴策略和高等教育模式，发掘可供中国学习的成功经验，及其与中国国情相结合的可能性。

（六）政策制定与推广

如前所述，高校德育与乡村振兴人才选用机制需要坚强的条件保障，政策是所有条件保障中最为重要的制度保障，研究高校德育与乡村振兴人才选用协同机制如何得到政策层面的支持与推动，研究制定更为科学的政策建议，以便更好地指导和推广高效的协同机制。

（七）长期跟踪与反馈机制

机制好不好，能不能取得成效，需要长期的观察和跟踪。因此，以后的研究内容也将包括建立长期跟踪研究和监测评估体系，以评价德育和乡村人才振兴计划的长远效果，并基于反馈对策略和执行方案进行调整优化。

（八）社会参与与公众教育

面向社会公众进行乡村振兴的宣传和教育，能够烘托乡村振兴氛围、彰显乡村振兴重要性、激发全社会共同参与乡村振兴事业的认同感，同时自发为乡村振兴作出贡献，营造社会全员关注乡村振兴、全员支持乡村振兴、全员回馈乡村振兴的社会氛围。这有利于高校学子产生浓厚的服务乡村兴趣，产生强烈的服务乡村动机。因此，以后的研究中，聚焦如何引导更广泛的社会力量参与到乡村振兴中，研究高校如何与社会公共部门合作，共同推进德育和人才培养工作，是一个有价值的方向。

这些展望旨在推动未来研究，使之更贴近实际需求，更具前瞻性和创新性，并为高校德育与乡村振兴人才选用协同机制的深度融合提供理论和实践上的支持。

参 考 文 献

［1］习近平谈治国理政（第一卷）［M］. 北京：外文出版社，2020.

［2］习近平谈治国理政（第二卷）［M］. 北京：外文出版社，2017.

［3］习近平谈治国理政（第三卷）［M］. 北京：外文出版社，2022.

［4］习近平谈治国理政（第四卷）［M］. 北京：外文出版社，2020.

［5］叶兴庆. 大国小农：现代化新征程的"三农"问题与战略抉择［M］. 杭州：浙江大学出版社，2021.

［6］潘懋元. 潘懋元论高等教育［M］. 福州：福建教育出版社，2007.

［7］习近平. 加快建设农业强国 推进农业农村现代化［J］. 新长征，2023（07）.

［8］何凡. 近年来我国高校德育内容研究综述［J］. 价值工程，2010（23）.

［9］高文苗. 多元文化语境下艺术类大学生理想信念教育的载体研究［J］. 教师教育学报，2012（04）.

［10］张典兵. 新时代高校思想政治教育的理解转向［J］. 教育评论，2021（10）.

［11］庄梅兰，陈飞. 德育共同体视域下高校思政实践协同育人研究［J］. 湖北理工学院学报（人文社会科学版），2024（02）.

［12］叶兴庆. 建立鼓励各类人才入乡留乡的政策体系［J］. 农村工作通讯，2021（23）.

［13］刘彦随. 城市与乡村应融合互补 加速建设"人的新农村"

［J］. 农村·农业·农民，2017（11A）.

［14］黄祖辉. 准确把握中国乡村振兴战略［J］. 中国农村经济，2018（04）.

［15］田妹华. 江苏乡村振兴人才培养模式研究——以苏州市为例［J］. 乡村科技，2023（13）.

［16］翁国瑞. 乡村振兴背景下高校人才培养的路径选择［J］. 中国农业资源与区划，2023（05）.

［17］肖华等. 乡村振兴背景下高校产学研合作策略研究［J］. 农业科技信息，2024（03）.

［18］姜家生，李建超. 科教产教融合视域下农科研究生培养的安徽范式［J］. 研究生教育研究，2024，80（02）.

［19］王敬国. 乡村振兴视域下创新创业人才培养模式探究［J］. 中国高等教育研究，2022（10）.

［20］李松有. 基于智库视角下政治学创新型人才培养的实践改革与探索［J］. 大学，2022（04）.

［21］宫曼露. 乡村振兴背景下人才培养的模式成效、问题表征及路径研究［J］. 南方农机，2024（04）.

［22］孙乾晶. 耕读教育与耕读文化考析［J］. 艺术科技，2012（03）.

［23］刘亚玲. 耕读文化的前世今生与现代性转化［J］. 图书馆，2021（04）.

［24］赵霞，杨筱柏. 农耕文化的身份变迁与现代发展——基于乡村振兴战略实施视角的分析［J］. 河北经贸大学学报，2022（03）.

［25］王胜军. 清初民间理学：以孙奇逢与张履祥为对象的考察［J］. 中州学刊，2012，188（02）.

［26］梁媛. 文化传承视野下的新耕读教育模式论［J］. 重庆社会科学，2017（08）.

［27］李存山. 中华民族的耕读传统及其现代意义［J］. 中国社会科学院研究生院学报，2017（01）.

［28］刘朝晖．"耕读"分家：理解村落社会变迁的新视角［J］．广西民族大学学报，2016（06）．

［29］彭兆荣．论农耕文化遗产之田地景观［J］．南京农业大学学报，2019（01）．

［30］徐阔．助力乡村振兴的耕读教育：内涵理解、价值探讨及路径构想［J］．内蒙古农业大学学报，2022（01）．

［31］周维维．涉农高校加强耕读教育涵养"三农"情怀的实施路径研究［J］．高等农业教育，2021，329（10）．

［32］吕叙杰，刘广乐．论耕读文化的价值意蕴及启示［J］．学校党建与思想教育，2022，675（12）．

［33］王笑，江明辉．农类院校耕读教育的育人内核——基于马克思主义劳动观［J］．农村·农业·农民，2022（4B）．

［34］陈珊珊．中华传统哲学中的劳动思想智慧及其教育传承［J］．教育学术导刊，2021（12）．

［35］秦玮苡．乡村学校传承耕读文化的现实困境与发展路径探究［J］．文化创新比较研究，2021（14）．

［36］陈弘．以融合和协同为创新点　强化党建在大学教育中的引领作用［J］．中国农业教育，2021（02）．

［37］林万龙，等．涉农高校耕读教育特色育人模式构建与实践研究［J］．高等农业教育，2021，328（08）．

［38］江淑玲，和祯．我国劳动教育研究的分布特征、研究热点和知识基础［J］．劳动教育评论，2023（12）．

［39］彭鸽，崔平．新时代背景下劳动教育及其实施路径的整体性研究［J］．教育文化论坛，2022（04）．

［40］李珂．00后大学生的劳动观培育研究——以长江大学为例［D］．武汉：长江大学，2023．

［41］梁大伟，茹亚辉．新时代加强劳动教育的根本遵循、目标导向与价值旨归［J］．现代教育管理，2022（06）．

［42］杨明全．我国课程改革语境下的跨学科：教育意蕴与实践样态［J］．北京教育学院学报，2024（02）．

［43］宇文利，金德楠．党的十八大以来思想政治教育研究述评［J］．思想政治工作研究，2022（05）．

［44］吉辉．高等农业院校农科类人才培养分析与思考［J］．安徽农业科学，2020（18）．

［45］王秀杰．改革开放以来我国社会主流价值观演进轨迹、形成机理与现实启示［J］．河南社会科学，2023（09）．

［46］禹跃昆，苏令．扎根中国　争创世界一流——重温党的十八大以来习近平总书记考察高校的讲话［N］．中国教育报，2017－10－04.

［47］黄锁明．强化乡村振兴的人才支撑［N］．光明日报，2022－01－07.

［48］吴学凡．全面推进乡村振兴需要新时代青年挺膺担当［N］．中国经济时报，2023－09－14.

［49］罗旭．让广大青年在乡村一线激扬青春［N］．光明日报，2021－06－22.

［50］李庆霞，孙熙雯．产业振兴是乡村振兴的重中之重［N］．光明日报，2024－05－28.

［51］国新办发布会解读中央一号文件——有力有效推进乡村全面振兴［N］．经济日报，2024－02－05.

［52］加快建设教育强国　为中华民族伟大复兴提供有力支撑［N］．光明日报，2023－05－30（01）．

［53］杨礼银．加强思政课建设是解决教育根本问题关键途径［N］．光明日报，2023－06－14（02）．

［54］肖伟光．培养现代文明人格［N］．中国纪检监察报，2024－04－02.

［55］晋浩天．发展面向乡村振兴的职业教育：人才如何"向农而行"［N］．光明日报，2023－02－28.

［56］赵倩男等. 河南农业大学：在田间地头服务农业发展［N］. 河南日报农村版，2021－07－27.

［57］习近平给中国农业大学科技小院的学生回信强调：厚植爱农情怀练就兴农本领 在乡村振兴的大舞台上建功立业［N］. 人民日报，2023－05－04.

［58］人民日报署名文章：谱写农业农村改革发展新的华彩乐章——习近平总书记关于"三农"工作重要论述综述［EB/OL］. 新华社，2021－09－23，https：//www. gov. cn/xinwen/2021－09/23/content_5638778. htm.

［59］习近平论"三农"工作和乡村振兴战略（2021年）［EB/OL］. 学习强国学习平台，http：//www. moa. gov. cn/ztzl/xjpgysngzzyls/zyll/202105/t20210524_6368271. htm.

［60］习近平总书记论创新思维［EB/OL］. 求是网，2023－08－09，http：//www. qstheory. cn/2023－08/09/c_1129795522. htm.

［61］金芮竹. 为乡村振兴贡献更多青春力量［EB/OL］. 光明网，2024－05－24，https：//theory. gmw. cn/2024－05/24/content_37341410. htm.

［62］韩喜平，蒋磊. 以人才高地赋能全面振兴［EB/OL］. 中国共产党新闻网，2023－10－22，http：//theory. people. com. cn/n1/2023/1022/c40531－40100641. html.

［63］姜鸿丽，鲁融冰，李妍. 总书记肯定的常德"新农人"，"风光"背后有哪些曲折故事？［EB/OL］. 湖南日报，2024－03－29，https：//www. hunantoday. cn/news/xhn/202403/19675917. html.

［64］赵云鹏. "95后"丹巴大学生辞职回乡开民宿：乡村振兴圆我梦［EB/OL］. 人民网——四川频道，2022－01－28，http：//sc. people. com. cn/n2/2022/0128/c403646－35116948. html.

［65］李丽颖. 全国农村创新创业带头人典型案例——吴元元［EB/OL］. 中华人民共和国农业农村部网站，http：//www. moa. gov. cn/ztzl/scw/cyrhnc/202002/t20200219_6337318. htm.

［66］探索如何做好青年电商人才培养工作"青 DOU 计划"引领返乡青年共筑乡村振兴梦［EB/OL］. 中国青年报，2024 - 02 - 21，http：//zqb. cyol. com/html/2024 - 02/21/nw. D110000zgqnb_20240221_8 - 03. htm.

［67］新春走基层·小镇青年|汤亚锋：宝剑锋从磨砺出　振兴乡村立潮头［EB/OL］. 红网，2024 - 02 - 20，https：//hn. rednet. cn/content/646846/64/13546370. html.

［68］高云才. 乡村振兴，五个方面都要强［EB/OL］. 人民网，2018 - 03 - 25，http：//society. people. com. cn/n1/2018/0325/c1008 - 29887040. html.

［69］习近平. 高举中国特色社会主义伟大旗帜为全面建设社会主义现代化国家而团结奋斗——在中国共产党第二十次全国代表大会上的报告（2022 年 10 月 16 日）［EB/OL］. https：//www. 12371. cn/2022/10/25/ARTI1666705047474465. shtml.

［70］明海英. 跨学科研究拓展广阔创新论域［EB/OL］. 中国社会科学网，2021 - 10 - 22，https：//www. cssn. cn/skgz/bwyc/202208/t20220803_5464848. shtml.

［71］杨其滨. 谱写新时代家庭家教家风建设新篇章［EB/OL］. 光明网，2023 - 03 - 14，https：//theory. gmw. cn/2023 - 03/14/content_36428865. htm.

［72］毕思能，宋子龙，陈丽芳. 发挥村规民约德治功能　助力现代化和美乡村治理［EB/OL］. 中国社会科学网，2022 - 11 - 23，https：//www. cssn. cn/glx/glx_gggl/202301/t20230104_5577847. shtml.

［73］好田好"丰"景！央视聚焦贵州榕江"村超"火在 2023［EB/OL］. 贵州综合广播，2023 - 12 - 29，https：//www. gzstv. com/a/31d49c99737c4eb6a10e1da2ff031354.

［74］全国人大代表的一次特殊"家访"——中国工程院院士、中南林业科技大学校长吴义强为基层林业特岗生送通知书［EB/OL］. 湖南教育新闻网，2023 - 07 - 26，http：//news. hnjy. com. cn/content/646741/60/

12898138. html.

[75] 段晓敏. 武志明与他的"坦克"团队 [EB/OL]. 山西农业大学新闻网, 2023 - 04 - 18, https：//news. sxau. edu. cn/info/1063/44590. htm.

[76] 周怀宗. 把课堂搬到田间地头 全国已建成 1800 多个科技小院 [EB/OL]. 中国农业大学新闻网, 2024 - 05 - 10, https：//news. cau. edu. cn/mtndnew/a5eb34431d7d4ede95af64e91121906f. htm.

[77] 十大校级基地风采 | 吴桥实验站大学生实习实践基地 [EB/OL]. 中国农业大学官网, 2020 - 01 - 08, https：//news. cau. edu. cn/art/2020/1/8/art_10867_660227. html.

[78] 王海珣. 【万名大学生服务乡村振兴】建大学子深入乡村一线, 开展暑期乡村志愿服务活动 [EB/OL]. 安徽建筑大学官网, 2022 - 07 - 19, https：//www. ahjzu. edu. cn/2022/0714/c21a198718/page. htm.

[79] 着力培育和践行社会主义核心价值观 [EB/OL]. 人民论坛网, 2024 - 01 - 28, http：//www. rmlt. com. cn/2024/0128/694091. shtml.

[80] 没有文化的繁荣兴盛, 就没有中华民族伟大复兴 [EB/OL]. 求是网, 2023 - 09 - 23, http：//www. qstheory. cn/laigao/ycjx/2023 - 09/23/c_1129879645. htm.

[81] 习近平：青年要自觉践行社会主义核心价值观——在北京大学师生座谈会上的讲话 [EB/OL]. 新华网, 2014 - 05 - 05, http：//www. xinhuanet. com//politics/2014 - 05/05/c_1110528066_3. htm.